가우스가 들려주는
수열의 합 이야기

나소연 지음

NEW
수학자가 들려주는
수학 이야기
63

가우스가 들려주는
수열의 합 이야기

㈜자음과모음

수학자라는 거인의 어깨 위에서 보다 멀리, 보다 넓게 바라보는 수학의 세계!

수학 교과서는 대개 '결과'로서의 수학을 연역적으로 제시하는 경향이 강하기 때문에 학생들은 수학이 끊임없이 진화해 왔다고 생각하기 어렵습니다. 그렇지만 수학의 역사는 하나의 문제가 등장하고 그에 대해 많은 수학자가 고심하고 이를 해결하는 가운데 새로운 아이디어가 출현해 온 역동적인 과정입니다.

〈NEW 수학자가 들려주는 수학 이야기〉는 수학 주제들의 발생 과정을 수학자들의 목소리를 통해 친근하게 이야기 형식으로 들려주기 때문에 학생들이 수학을 '과거 완료형'이 아닌 '현재 진행형'으로 인식하는 데 도움이 될 것입니다.

학생들이 수학을 어려워하는 요인 중의 하나는 '추상성'이 강한 수학적 사고의 특성과 '구체성'을 선호하는 학생의 사고 사이에 존재하는 간극이며, 이런 간극을 줄이기 위해서 수학의 추상성을 희석시키고 수학 개념과 원리의 설명에 구체성을 부여하는 것이 필요합니다.

〈NEW 수학자가 들려주는 수학 이야기〉는 수학 교과서의 내용을 생동감 있게 재구성함으로써 추상적인 수학을 구체성을 갖는 수학으로 변모시키고 있습니다. 또한 중간중간에 곁들여진 수학자들의 에피소드는 자칫 무료해지기 쉬운 수학 공부에 윤활유 역할을 해 줄 것입니다.

〈NEW 수학자가 들려주는 수학 이야기〉의 구성을 보면 우선 수학자의 업적을 개략적으로 소개하고, 6~9개의 강의를 통해 수학 내적 세계와 외적 세계, 교실 안과 밖을 넘나들며 수학 개념과 원리를 소개한 후 마지막으로 강의에서 다룬 내용을 정리합니다.

이런 책의 흐름을 따라 읽다 보면 각각의 도서가 다루고 있는 주제에 대한 전체적이고 통합적인 이해가 가능하도록 구성되어 있습니다. 〈NEW 수학자가 들려주는 수학 이야기〉는 학교 수학 교과 과정과 긴밀하게 맞물려 있으며, 전체 시리즈를 통해 학교 수학의 많은 내용들을 다룹니다. 따라서 〈NEW 수학자가 들려주는 수학 이야기〉를 학교 수학 공부와 병행하면서 읽는다면 교과서 내용의 소화 흡수를 도울 수 있는 효소 역할을 할 것입니다.

뉴턴이 'On the shoulders of giants'라는 표현을 썼던 것처럼, 수학자라는 거인의 어깨 위에서는 보다 멀리, 넓게 바라볼 수 있습니다. 학생들이 〈NEW 수학자가 들려주는 수학 이야기〉를 읽으면서 각 수학자의 어깨 위에서 보다 수월하게 수학의 세계를 내다보는 기회를 갖기를 바랍니다.

홍익대학교 수학교육과 교수 |《수학 콘서트》저자 박경미

> 책머리에

수의 나열 속에 숨어 있는 규칙을 발견하고 이를 표현하는 능력을 키워 주는 '수열의 합' 이야기

　우리는 물건을 사고팔 때 숫자를 씁니다. 미래의 삶을 풍요롭게 하기 위해 번 돈을 저축해서 모으는 것도 숫자와 관련됩니다. 일정 기간에 일정한 금액을 저축할 때, 내가 정한 목표 금액을 만들려면 매번 얼마씩 저축해야 할까요? 돈을 1억 빌렸는데 10년 후에 빌린 금액의 2배인 2억이라는 돈을 은행에 갚아야 할까요? 부모님이 하시는 주식의 수익률은 어떻게 계산되는 것일까요? 이러한 의문은 생활하면서 생기는 자연스러운 질문입니다. 그만큼 우리의 생활은 수를 빼고 생각할 수 없을 정도로 수와 밀접합니다.

　일상생활에서 1+1을 계산해야 할 경우에는 간단하게 답을 구할 수 있지만, 1에서 100까지의 합을 구해야 하는 복잡한 상황에서는 어떻게 할까요? 1+2=3, 3+3=6, 6+4=10, ……과 같이 1부터 차례대로 합을 구하려면, 여러 번 계산해야 합니다. 하지만 1부터 100까지 나열한 수열의 규칙과 수열의 합을 쉽게 구하는 방법만 찾아낸다면 간단하게 구할 수 있습니다.

　해바라기 씨앗의 배열, 암모나이트의 나선형 등의 자연 현상이나 과학, 공학 등 여러 분야에서 관찰되는 수 나열의 규칙을 발견하고 일반항으로 나타내는 것은 수학의 유용한 사고방식입니다.

　여러분은 이 책을 읽으면서, 수 나열에서 일정한 규칙을 찾아보고 이것을 식으로 나타내는 것뿐 아니라 합을 구하는 활동을 하게 됩니다. 이는 규칙의 성질을 이해하고 적용하는 것으로, 이 활동을 함으로써 수학 능력이 자연스럽게 향상될 것입니다. 그리고 수와 친해질수록, 수를 겁내지 않고 수에 강할수록 우리의 삶에 복잡한 문제들이 생겼을 때 간단하게 해결 방법을 찾을 수 있는 밑거름이 될 것입니다. 여러분이 이 책을 통해 수에 대한 자신감을 갖고, 수에 숨어 있는 규칙을 찾아 이용하는 데 익숙해지고, 수뿐 아니라 수학 문제나 일상생활에서 규칙을 찾아 자연스럽게 사용하는 능력이 생기길 바랍니다.

나소연

차례

추천사 4
책머리에 6
100% 활용하기 10
가우스의 개념 체크 16

1교시
타고난 수의 천재, 가우스 27

2교시
등차수열의 합 49

3교시
등비수열의 합 67

4교시
은행에 맡긴 내 돈은 어떻게 변할까? 89

5교시
∑는 어떤 기호일까?   109

6교시
∑를 사용하여 n의 거듭제곱과 짝수, 홀수의 합 구하기   125

7교시
계차수열   147

8교시
수열의 합 S_n으로 일반항 a_n 구하기   165

9교시
여러 가지 수열   185

1 이 책은 달라요

《가우스가 들려주는 수열의 합 이야기》는 가우스의 실제 이야기를 들으면서 수열 속에 숨어 있는 규칙성을 하나하나 발견하고, 수열과 수열의 합을 구하는 방법에 친근하게 접근하게 합니다.

마술로 변하는 동전의 수, 이집트 파피루스의 유명한 수학 문제, 은행에 맡긴 내 돈의 원리합계 등 실제 우리가 생활하면서 접할 수 있는 상황에서 수의 규칙성을 찾아봅니다. 실제 생활에서 일어날 수 있는 수열을 배울 뿐 아니라 수학 공부에 꼭 필요한 규칙성을 찾고 이를 적용하는 능력도 향상할 수 있습니다.

2 이런 점이 좋아요

❶ 수열의 합과 가장 연관이 있는 가우스의 일화는 수열에 더 쉽게 접근할 수 있게 해 줍니다.

❷ 각 단원은 규칙을 단순하게 찾을 수 있는 등차수열, 등비수열부터 어려운 내용인 군수열까지 다양한 수준의 내용으로 이루어져 있습니다. 단순한 수준에서 어려운 수준까지 가우스 일화와 등차수열의 합, 사탕 게임과 등차수열을 자연스럽게 연결하여 설명하고 있어 책 한 권으로도 수열의 모든 내용을 익힐 수 있습니다.

❸ 수열의 합을 배우며 일반항이나 합의 기호 등으로 수학의 기호적 측면을 자연스럽게 습득할 수 있습니다.

3 교과 연계표

학년	단원(영역)	관련된 수업 주제 (관련된 교과 내용 또는 소단원명)
고 2(대수)	수열	수열의 합

4 수업 소개

1교시 타고난 수의 천재, 가우스

- 선행 학습 : 자연수, 수학 기호
- 학습 방법 : 가우스가 1부터 100까지의 합을 구한 방법을 익힘으로써 수를 나열하거나 나열된 수의 합을 구하는 방법을 알게 됩니다. 이 과정에서 수열의 뜻, 항의 이름, 일반항과 같은 수학적 개념을 마술로 변하는 동전의 수로 이루어진 수열에도 규칙이 있다는 것을 통해 기억합니다. 그리고 사탕 게임에서 남겨야 하는 사탕의 수와 가우스와 신애가 가져간 사탕의 수를 기억하고, 다음 단원에서 이것이 무엇인지 확인할 수 있도록 합니다.

2교시 등차수열의 합

- 선행 학습 : 등호, 등식, 좌변, 우변
- 학습 방법 : 1부터 100까지 숫자를 나열할 때 1씩 더해서 나열되는 것과 연관하여, 일정한 수를 더하여 생기는 등차수열의 뜻을 알

고 일반항을 구하는 방법을 익힙니다. 또한 등차수열의 합도 1부터 100까지의 합을 구하는 방법과 똑같은 방법을 이용할 수 있다는 것을 배우고, 등차수열의 합을 구하는 방법을 공식화하여 기억하도록 합니다.

3교시 등비수열의 합

- **선행 학습** : 거듭제곱, 지수, 괄호, 분배법칙
- **학습 방법** : 일정한 수를 더한 공차와 관련지어 공비의 뜻을 이해하도록 합니다. 또한 공비를 이용하여 나타낸 수열의 수 사이의 연관성을 이용하여 일반항을 구합니다. 이를 통해 수학의 규칙성을 찾는 방법을 익힐 수 있습니다. 등비수열의 합을 구하는 방법은 우선 과정을 이해한 후에 공식을 외우도록 합니다.

4교시 은행에 맡긴 내 돈은 어떻게 변할까?

- **선행 학습** : 자릿수 표현법, 퍼센트
- **학습 방법** : 돈을 저축한다고 할 때, 일정한 시간이 지나면 돈을 얼마나 모을 수 있는지와 원금 이외에도 이자를 생각할 수 있도록 합니다. 저축할 때 이자가 지급되는 방법을 비교하면서 단리법과 복리법의 차이를 이해합니다. 또한 등비수열과 연결하여 원리합계를 구하는 방법을 익히도록 합니다.

5교시 ∑는 어떤 기호일까?

- **선행 학습** : 홀수와 짝수, 대입, 상수
- **학습 방법** : 항의 어느 부분부터 어느 부분까지인지, 일반항은 무엇인지 따져 가면서 수열의 합을 ∑로 나타내는 것을 이해합니다. 이때, 합을 나타내는 S와 ∑의 차이점을 파악하여 S 대신에 ∑를 사용할 때의 장점을 이해하도록 합니다.

6교시 ∑를 사용하여 n의 거듭제곱과 짝수, 홀수의 합 구하기

- **선행 학습** : 직육면체의 부피, 분수, 유리수의 계산
- **학습 방법** : 1부터 n까지의 자연수의 합은 등차수열의 공식과 연관하여 익히고, 1부터 n까지의 제곱이나 세제곱은 공식이 유도되는 과정을 이해하면서 공식을 익힙니다. 공식을 익힌 후에는 공식을 이용하여 값을 구하는 아홉 번째 수업이나 연계 노트의 문제를 통해 공식을 사용하는 방법에도 익숙해지도록 합니다. 짝수와 홀수의 일반항과 합을 구하는 공식을 자주 사용하게 되므로 꼭 기억합니다. 특히 홀수의 합을 구하는 공식은 그림과 연관하여 외우도록 합니다.

7교시 계차수열

- **선행 학습** : 평면도형, 곱하기 기호를 사용한 식의 표현 방법
- **학습 방법** : 지금까지 배운 등차수열, 등비수열과 계차수열의 차이를

이해한 후 형상수를 통해 계차수열의 규칙을 찾는 방법을 익힙니다. 그리고 이 규칙을 따라 이것을 지금까지 배운 일반항, Σ를 이용하여 계차수열로 일반항을 나타낼 수 있도록 기호의 표현 방법을 익힙니다.

8교시 수열의 합 S_n으로 일반항 a_n 구하기

- 선행 학습 : 이상, 분배법칙, 0제곱
- 학습 방법 : 지금까지 따로 배운 일반항 a_n과 수열의 합 S_n 사이의 관계를 이해합니다. 그리고 합으로 일반항을 구합니다. 이때 꼭 제1항과 제2항 이상의 항을 구분해야 하는 이유를 이해한 후에 일반항을 구하도록 합니다.

9교시 여러 가지 수열

- 선행 학습 : 번분수, 통분
- 학습 방법 : 규칙을 바로 찾을 수 있는 수열 이외의 특별한 수열의 종류인 군수열과 분수로 이루어진 수열의 유형을 기억합니다. 그리고 그 유형에 따라 항을 구하는 방법을 익히도록 합니다. 군수열이나 분수로 이루어진 수열의 합을 구하면서 지금까지 배운 합을 기호로 나타내는 방법이나 거듭제곱의 공식을 복습할 수 있습니다.

가우스를 소개합니다

Carl Friedrich Gauss(1777~1855)

나는 가우스예요. 독일의 수학자이자, 물리학자이며, 천문학자이지요.

나는 유년 시절부터 1부터 100까지의 합을 단번에 알아낼 만큼 수학에 뛰어난 재능을 보였습니다. 그리고 대학에서 정십칠각형이 작도 가능하다는 것을 알아내고, 본격적으로 수학의 길에 들어서게 됩니다.

나의 저서 《정수론》은 현재 대학에서 학생들이 중요하게 배우고 있습니다. 수학을 바탕으로 천문학, 측지학, 전기학도 연구했습니다. 왜행성 케레스의 궤도를 완벽하게 측정한 걸로도 유명하지요. 수많은 수학 이론을 증명하고 과학에서도 응용한 나를, 모두 '수학의 왕'으로 부른답니다.

여러분, 나는 가우스입니다

안녕하세요? 여러분과 수열의 합 이야기를 나눌 가우스입니다. 수많은 수학 이론을 증명하고 이것을 과학에서 사용하여 천문학, 측지학 등의 발전에도 크게 기여한 영원한 '수학의 왕'으로 불리고 있죠.

수학적으로 뛰어난 면 때문에 그렇게 불리지만, 이러한 이름으로 불리기 시작한 것은 내가 죽은 다음이랍니다. 하노버의 왕이 나를 기리며 만든 메달에 "하노버의 왕 조지 5세가 수학의 왕에게."라는 글귀를 새겼기 때문입니다.

나는 1777년 4월 30일 독일의 브룬스빅에서 벽돌공인 노동자 아버지와 평범한 어머니 사이에서 태어났습니다. 혈통만 보자면 수학에 천재적인 면이 나타난 배경을 발견할 수는 없습니다. 하지만 천재들이 으레 그렇듯 나는 태어날 때부터 계산을 무척 잘했습니다. 또한 늘 수학 공부를 즐겨 했기 때문에 내가 아주 어릴 때부터 가족은 나를 천재로 받아들였습니다.

이를 알 수 있는 한 예화는 보통의 아이들 같으면 글자를 배우기도 버거운 세 살 때의 일입니다. 나는 아버지 장부의 긴 계산을 보고는 아버지에게 말했습니다.

"아버지가 하신 계산은 틀려요. 이것이 맞아요."

그러고는 답을 고쳐 주었습니다. 아버지가 깜짝 놀라 다시 계산해 보니 나의 계산이 맞았습니다. 즉, 나는 어려서부터 복잡한 계산을 해내는 천재적인 능력이 있었던 것이죠.

고지식하게 벽돌공이라는 한 가지 일만 하던 아버지는 내가 자신의 뒤를 잇길 원해서 나의 천재적인 면을 지지하고 키우려고 하지 않았습니다. 하지만 나를 늘 자랑스럽게 여긴 어머니는 나의 천재적인 면을 살려서 수학적인 능력을 키울 수 있도록 지원해 주었습니다.

나는 유년 시절부터 주위 사람들을 졸라 알파벳의 발음을 익히고 혼자서 글을 읽는 법을 터득했습니다. 그리고 글을 깨우친 후에는 모든 책을 스스로 가져다 읽으며 공부했답니다. 이러한 천재적 능력은 곧 다른 사람의 눈에도 띄게 되었습니다.

열 살 무렵, 초등학교 수업 시간에 버트너 선생님께서 1부터 100까지의 합을 구하라고 하셨습니다. 다른 친구들이 하나씩 더하고 있을 때 나는 1부터 100까지의 합을 눈 깜짝할 사이에 계산해 냈습니다. 이것을 본 버트너 선생님은 나의 수학적 재능에 관심을 가지고 방과 후에도 공부할 수 있도록 부모님을 설득했습니다.

또한 고등학교를 다닐 때는 나의 수학 능력을 들은 카롤리눔 대학의 교수 짐머만이 나에게 따로 지도해 주기도 했습니다. 그리고 나의 수학적 재능에 감명받은 페르디난드 공작은 15년간 줄곧 장학금을 지원하며 오로지 수학 연구에 매진할 수 있도록 도와주었답니다.

이후, 괴팅겐 대학에 진학하여 《학예신문》 창간호에 실은 〈새로운 발견〉이라는 글을 통해 정십칠각형이 작도 가능하다는 것을 알렸습니다. 그것을 계기로 무엇을 할지 고민이었던 나는 진로를 결정하게 되지요. 바로 나 자신이 평생 수학을 연구할 수 있을 것이라는 확신을 하게 된 거죠.

　나는 최소제곱법, 50년 동안이나 수학자들이 증명하려고 했으나 결국 하지 못한 이차형식에 관한 상호법칙을 발견했습니다. 또한 소행성을 발견하고, 천문학자들도 정확하게 예측하지 못한 소행성의 궤도를 예측했습니다.
　그러나 몇 가지 중요한 것 외에는 대부분 발표하지 않았습니다. 왜냐하면 나는 무척 엄격하여 스스로 연구가 완벽하다 생각되지 않으면 발표하고 싶지 않았기 때문입니다. 그래서 사람들은 내가 죽고 난 후에야 일기에 적힌 내용을 통해 내가 연구한 수많은 이론이 동시대 수학자들 연구에 앞선 것이라는 사실을 알았지요.
　1부터 100까지의 합을 단번에 계산한 것이나 소수 사이의 상관관계를 증명하는 등 수의 계산에 천재적이었던 나인 만큼, "수학은 과학의 여왕이고, 정수론은 수학의 여왕이다."라는 내가 남긴 말은 그 의미가 더 큽니다. 그래서 나의 저서 중《정수론》은 오늘날까지 유명한 이론입니다.《정수론》은 나의 대작으로, 정수를 기초가 튼튼하고 논리가 정연한 수학의 한 분야로 만들어 현재 대학에서도 배우는 학문이 되었습니다.

 이러한 수학적 업적을 바탕으로 내가 눈을 돌린 것은 천문학, 측지학, 전기학입니다. 이미 나 이전에 오일러, 람베르트, 라그랑주, 라플라스 등에 의하여 궤도 측정의 계산이 시도되었습니다. 그러나 모두 왜행성 케레스의 궤도 측정을 계산해 내지 못했고, 그것을 내가 측정해 내어 나는 전 세계적으로 더욱 유명해졌습니다. 이듬해에는 소행성 팔라스의 궤도를 계산하는 등 새로운 행성이 발견되는 대로 궤도를 계산했습니다.
 천문학에 대한 관심 때문에 나의 아들들은 케레스, 팔라스, 주노를 발견한 천문학자의 이름을 따서 주세페 피아치, 빌헬름 올버스, 루드비히 하딩으로 이름 짓기도 했답니다.

 이렇게 수학과 천문학 등으로 업적을 쌓던 중 "전하는 다른 모든 책임으로부터 나를 해방시켜 주었고 이처럼 나의 일에 전념할 수 있도록 해 주셨나이다."라고 말할 정도의 은인이었던 공작의 죽음에 대한 충격과 생계를 책임져야 하는 부담감으로, 학생들을 가르치는 교수가 되었습니다.

하지만 오직 연구에만 매달리며 살아오던 나에게는 수학과 과학에 관심을 갖지 않는 학생들을 가르치는 일이 별로 기쁘지 않았습니다. 그래서 훌륭한 교수로서 수학을 전파하지 못한 아쉬움이 있답니다. 하지만 병상에서도 연구를 계속하는 등 온 생애를 수학에 바친 나의 업적과 성과는 '수학의 왕'이라는 말에 너무나 어울리는 삶이지 않습니까?

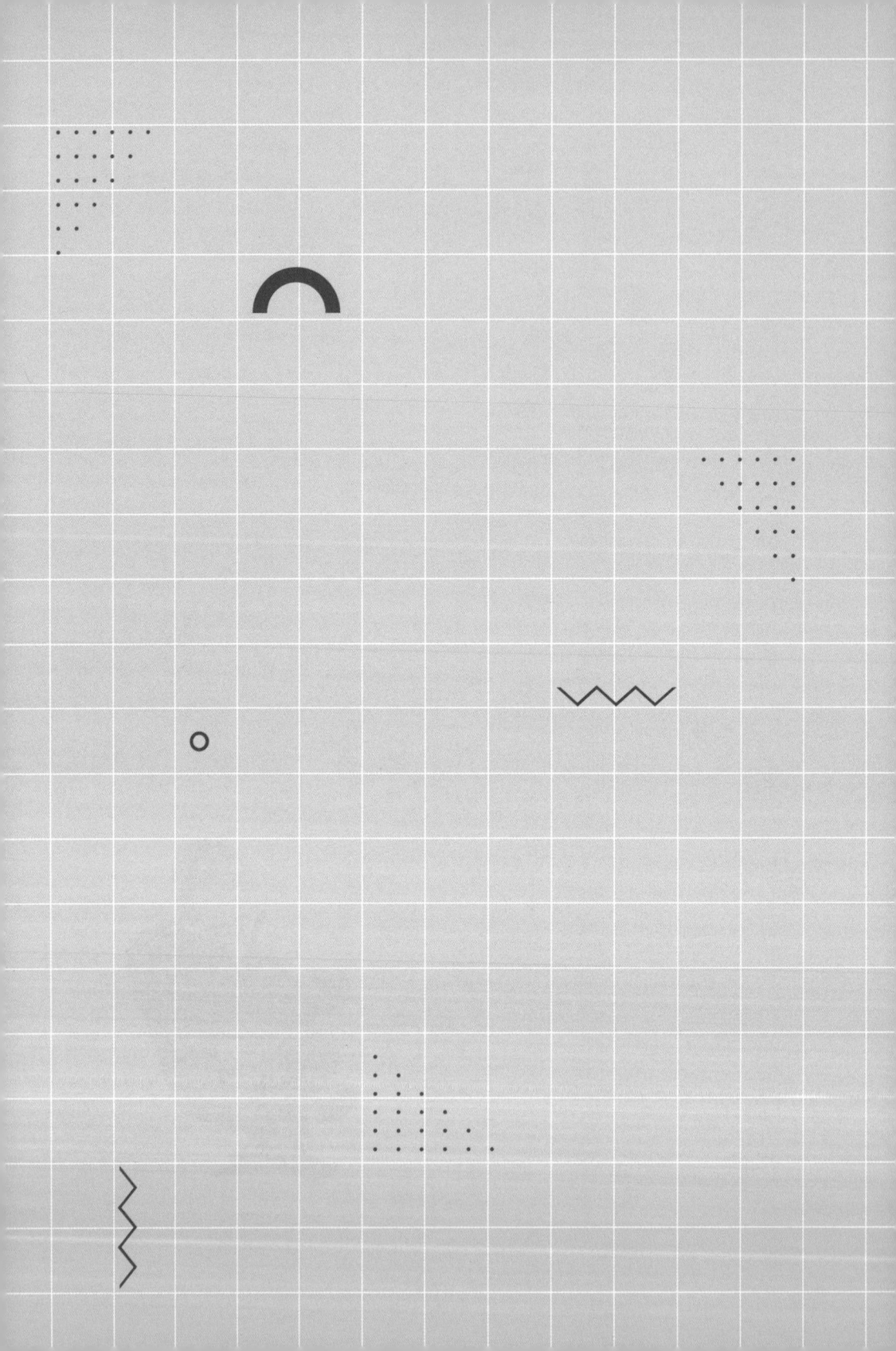

1교시

타고난 수의 천재, 가우스

가우스라는 수학자가 누구인지 아나요?
가우스의 놀랄 만한 일화를 들어 봅시다.

수업 목표

수 계산에 천재적이었던 가우스의 계산 방법을 알 수 있습니다.

미리 알면 좋아요

1. **자연수** 자연수는 영어 'natural number'를 그대로 번역한 것으로 '자연적인 수'를 말합니다. 우리가 쓰는 1, 2, 3, ……과 같이 1부터 시작해서 하나씩 더해 가는 숫자입니다.

2. **수학 기호** 세탁기 그림 [60℃] 안에 60℃는 세탁기에서 빨래할 수 있는 물의 온도가 60℃임을 나타냅니다. 음악의 악보에도 음의 길이나 연주 세기 등을 나타내는 𝄞높은음자리표, ♩4분음표, 𝆐𝆑메조포르테-조금 세게 등의 기호가 있는 것처럼, 수학에서도 많은 기호를 사용하고 있습니다.
예를 들어, '2 더하기 3'을 더하기라는 말 대신 더 간단하게 '2+3'이라고 나타내는 것입니다. 우리가 많이 쓰는 사칙 연산 +, −, ×, ÷ 기호는 수학을 더 편하고 쉽게 만들어 줍니다.

가우스의
첫 번째 수업

여러분, 만나서 반가워요. 나는 카를 프리드리히 가우스입니다. 앞으로 많은 시간을 볼 사이니까 친근하게 선생님이라고 불러 주세요. 내가 스스로 말하기는 조금 부끄럽긴 하지만, 나는 '수학의 왕'으로 불린답니다. 사람들이 다들 나를 보고 수학을 위해 태어난 천재라고 할 정도니까요. 세 살 때 아버지의 계산이 틀렸다는 것을 발견할 정도로 수학을 무척 좋아했습니다. 특히 수학 중에서도 수와 관련된 능력이 가장 큰 특기랍니다. 여러분

중에도 나처럼 수학 능력이 뛰어난 사람이 있을 수도 있어요. 아직 그런 능력이 발견되지 않았다고 하더라도 수업하는 중에 나의 기운이 여러분에게 전달되어서 수학의 공주나 왕자가 될 수 있다고 확신해요. 그럼, 본격적으로 수업에 들어가 볼까요?

자, 숫자 1이 있습니다. 여기에 1을 더하면 2가 됩니다. 이제 2에 또 1을 더해 볼게요. 그럼 3이 됩니다. 이렇게 숫자 1부터 1씩 더하면 숫자가 커지겠죠? 이렇게 1씩 더해서 나타내어지는 수를 자연수라고 합니다. 1부터 10까지의 자연수를 적어 볼게요.

1, 2, 3, 4, 5, 6, 7, 8, 9, 10

이제 질문! 10개의 숫자를 다 더하면 얼마인지 셋을 셀 동안 맞혀 봅시다. 하나⋯⋯ 둘⋯⋯ 셋!

아이들은 앞에서부터 차례대로 더하면서 계산합니다. 1+2=3, 3+3=6, 6+4=10, ⋯⋯. 하지만 가우스 선생님이 셋을 세는 짧은 시간 동안에는 다 계산하지 못했습니다.

1부터 차례차례 숫자를 더해서 계산하는 것은 시간이 많이 걸려요. 만약 1부터 100까지의 합을 구하라고 하면 아마 1시간은 걸리겠죠? 하지만 나는 이 계산을 빨리할 수 있는 방법을 발견했어요. 우리 친구들에게 이 방법을 알려 줄게요.

우선 더해야 하는 숫자인 1부터 10까지 적습니다. 적어 놓은 숫자 밑에 또 1부터 10까지 거꾸로 적고 위와 아래의 숫자를 사각형으로 묶었습니다. 중요한 것은 꼭 숫자를 거꾸로 적는 것입니다.

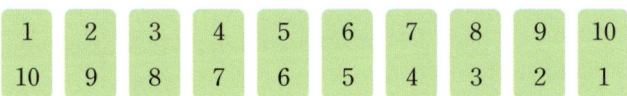

사각형 안에 숫자가 2개씩 있죠? 각각의 사각형 안의 숫자 사이에는 공통점이 있어요. 사각형 안의 숫자를 더해 보면 알 수 있답니다.

아이들은 10개의 사각형 안의 숫자들을 더해 보고는, 모두 11이 나온다는 것을 알고 신기해했습니다.

원래 더하려는 숫자가 10개였으니까 사각형도 모두 10개가 있어요. 이 사각형을 모두 더하면, 11이 되는 사각형이 10개이므로 11×10=110이에요. 하지만 110은 우리가 구하려는 1부터 10까지의 합을 2번 더해서 나온 값이므로 구하려는 수의 2배랍니다. 그러므로 우리가 구하려는 1부터 10까지의 합은 110을 2로 나눈 55가 된답니다.

하나씩 더하는 것보다 이 방법이 더 쉽고 빠르답니다. 특히, 숫자가 1부터 10까지 10개 정도로 작은 개수가 아니라 1부터 100까지 이렇게 많은 수를 더해야 하는 경우에 더 효과적으로 사용될 수 있죠.

이런 방법을 나는 열 살 때 발견했답니다. 수학 시간에 버트너 선생님은 1부터 100까지 더해 보라고 하셨어요. 다른 친구들은 종이에 1부터 100까지 적은 후 하나씩 더해 나가기 시작했답니다. 하지만 내가 생각하기에 하나씩 더하기에는 시간이 너무 많이 걸릴 것 같았어요. 그래서 숫자들을 보면서 빨리 푸는 방법을 생각했습니다.

우리가 금방 해 보았던 1부터 10까지 더하는 것과 같은 방법으로 계산한 후, 자신 있게 "1부터 100까지의 합은 5050입니다."라고 대답했습니다. 너무나 빠른 시간에 풀었기 때문에 선생님은 내가 푼 종이를 확인하러 오셨어요. 그리고 나의 계산 방법을 보시고는 칭찬해 주셨답니다.

> **쏙쏙 이해하기**
>
> **차례로 나열된 자연수의 합을 구하는 방법**
>
> (1) 구하려는 자연수를 순서대로 적는다.
> (2) 순서대로 적은 자연수 밑에 그 순서를 거꾸로 하여 한 번 더 적고 위아래 숫자를 사각형으로 짝짓는다.
> (3) 위아래의 숫자를 더한 값을 사각형의 개수만큼 곱한 후, 2로 나눈다.

그럼 여러분도 1부터 100까지의 합을 1부터 10까지의 합과 같은 방법으로 쉽고 빠르게 풀어 볼까요? 우선 1부터 100까지 적고, 그 아래 거꾸로 적어 놓으세요.

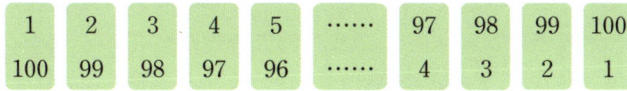

사각형 안의 합이 101이고 이런 사각형이 100개 있으므로, 모든 사각형의 합은 101×100＝10100입니다. 10100은 우리가 구하려는 수의 2배지요? 그럼 10100을 2로 나눈 5050이 1부터 100까지의 합이 됩니다.

지금 우리가 적은 숫자를 보면 1부터 10까지나 1부터 100까지죠? 우리가 나열한 자연수는 앞의 수보다 1씩 커지도록 적은 것입니다. 이렇게 '1씩 커진다.'와 같이 어떤 규칙에 따라 차례로 수를 나열하는 것을 수열이라고 합니다. 그리고 나열된 수 하나하나를 항이라고 해요. '1, 2, 3, 4, 5, 6, 7, 8, 9, 10'에서 1도 항, 2도 항, 3도 항 그리고 10도 항이랍니다.

이 수열은 항이 10개지요? 각각 모두 항이지만, 순서에 따라 번호를 붙여서 부릅니다. 맨 처음에 있는 항 1을 첫째항제1항이라고 하고, 마찬가지로 두 번째에 있는 항을 둘째항제2항, 세 번째에 있는 항을 셋째항제3항이라고 합니다. 그럼 10은? 당연히 열째항제10항이 됩니다.

'＋' 기호가 있으면 더하라는 뜻이죠? 이런 수학 기호는 한국어를 쓰는 여러분이나 독일어를 쓰는 나, 어느 나라 사람이든 쉽게 이해할 수 있는 기호랍니다. 이러한 기호를 통해 수학을 나타내면 누구나 그 뜻을 이해할 수 있답니다. 항을 나타내는 기호도 있습니다. 바로 'a'를 이용한 기호랍니다. 다음과 같이 나타내지요.

$a_1, a_2, a_3, a_4, \cdots\cdots$

a라는 것은 수열의 이름을 나타내는 거예요. 그런데 옆에 작은 숫자들이 순서대로 1, 2, 3, 4라고 쓰여 있죠? 이 작은 글씨로 쓰인 숫자는 몇 번째 항인지 나타내는 표시입니다. 예를 들어, 첫째 항을 a_1이라고 쓰고 '에이 원'이라고 읽으면 됩니다.

첫째, 둘째, 셋째를 나타내는 1, 2, 3과 같은 수를 자연수라고 하죠? 그래서 제10항을 a_{10}이라고 하는 것처럼 n번째 항을 자연수 'natural number'의 머리글자를 따서 제n항이라고 하고 a_n이라고 씁니다.

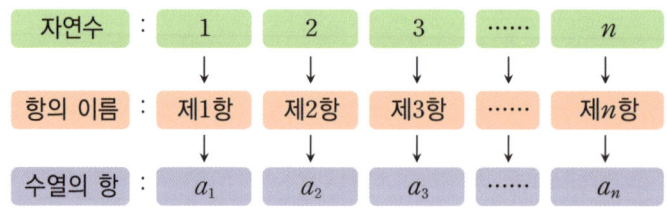

그러므로 1부터 100까지 나열하는 수열 1, 2, 3, 4, 5, ……, 99, 100을 a를 이용하여 나타내면 a_1, a_2, a_3, a_4, ……, a_{99}, a_{100}이 되는 것이랍니다. a라는 것은 내가 이 수열의 이름을 a라고 했을 뿐이지 대신에 다른 알파벳 b, c, ……와 같은 문자를 써서 이름을 지어도 돼요. 하지만, 문자 옆에 항의 순서를 나타내는 작게 쓴 숫자 1, 2, 3, ……은 꼭 순서에 맞게 써야 한답니다.

자, 그럼 저의 마술을 볼까요? 이 판 위에 동전이 하나 있습니다. 동전 위로 손을 왔다 갔다 하면 동전의 개수가 변합니다.

"와~ 동전이 2개가 되었어요."

또 2개의 동전 위로 손을 움직이면…… 동전이 4개가 되었습니다. 4개의 동전 위로 손을 왔다 갔다 하면 동전은 몇 개가 될까요?

"동전이 1개에서 2개, 2개에서 4개가 되었으니까 2배가 된 거예요. 그래서 동전 4개는 8개가 돼요."

그럼 손을 움직여서 확인해 봅시다.

어, 8개가 되었군요. 이렇게 변화하는 동전의 수를 나타내면 1, 2, 4, 8이 됩니다. 여기서 제1항 $a_1 = 1$, 제2항 $a_2 = 2$, 제3항

$a_3=4$, 제4항 $a_4=8$이 된답니다.

이렇게 동전의 수를 나타내는 수열에 1, 2, 4, 8, 4개의 항이 있는 것처럼 항의 개수가 유한개인 수열을 유한수열이라고 합니다.

그럼 동전의 수가 계속 늘어나서 8개가 16개, 16개가 32개로 늘어난다고 했을 때 수열을 나타내 봅시다. 1, 2, 4, 8, 16, 32에서 32의 2배인 64와 64의 2배인 128와 같이 수가 계속 늘어나게 돼요. 이 경우에 모든 수를 다 쓸 수 없으니까 수의 규칙을 알 수 있을 정도만 쓰고, 끝에 '……'를 써서 1, 2, 4, 8, 16, 32, ……와 같이 생략해서 나타냅니다.

이렇게 수를 끝없이 써서 나열하는 수열을 무한수열이라고 해요. 무한無限이라는 말을 들어본 적이 있을 거예요. 유명한 코미디 프로그램의 이름에도 들어가 있으니까요. 무한이라는 말의 뜻을 자세히 알아볼까요?

한자는 뜻을 가진 문자랍니다. 그래서 무한을 나타내는 한자를 보면 뜻을 알 수 있어요. 무한에서 無무는 '없다'는 뜻이고 限한은 '끝'이라는 뜻으로, 끝없이 항을 계속 써 나갈 수 있다는 말이랍니다. 그러니까 코미디 프로그램 〈무한도전〉은 끝없는 도전이라는 뜻이죠.

 이렇게 숫자를 나열할 때 1, 2, 3, ……, 10으로 나열하는 것과 이것을 거꾸로 나열하여 10, 9, 8, ……, 2, 1로 나타내는 것으로 합을 구했죠? 이 둘 다 10개의 항을 가지고 있으니까 유한수열입니다. 그런데 두 수열은 순서의 차이가 있지요?

1, 2, 3, ……, 10에서 제1항은 1, 제2항은 2지만 10, 9, 8, ……, 2, 1에서 제1항은 10, 제2항은 9가 됩니다. 똑같이 나열된 것이라고 하더라도 순서가 다르면 다른 수열이 되죠. 이렇게 숫자는 하나하나 그 의미가 있고, 나열하더라도 순서에 따라, 또는 1, 2, 3, ……, 10이나 1, 2, 4, 8과 같이 1씩 더하거나 2배를 하는 등에 따라 다른 수열이 된답니다.

숫자를 나타낸 후 적당히 순서를 옮기거나 잘 이용하면 복잡하고 오래 걸릴 것 같은 계산도 빨리할 수 있답니다. 이런 방법을 찾는 것이 수학의 가장 큰 재미라고 생각합니다. 숫자를 알고 있으면 수학을 이용한 게임도 잘할 수 있어요.

나와 게임 하나 해 볼까요? 20개의 사탕이 있어요. 이 게임의 규칙은 서로 번갈아 가며 사탕을 가져가는 거예요. 한 번에 1개에서 3개까지 사탕을 가지고 갈 수 있어요. 즉, 1개를 가져갈 수도 있고, 2개를 가져갈 수도 있고, 3개를 가져갈 수도 있어요. 단! 마지막 사탕을 가져가는 사람이 지고, 진 사람은 가져간 사탕을 모두 이긴 사람에게 주어야 합니다. 나는 이 게임의 고수랍니다. 만약 나를 이기는 사람이 나오면 이 사탕을 모두 줄 거예요. 나에게 도전할 사람은 앞으로 나와 주세요.

해리가 앞으로 나와 가우스 선생님에게 "사탕 게임의 고수 가우스 선생님, 도전하러 왔습니다."라고 말하고 경기가 시작되었습니다. 경기는 고수인 가우스 선생님부터 시작했어요. 숨죽이며 경기를 보던 친구들은 마지막에 선생님이 1개의 사탕을 남긴 것을 보고 해리의 패배를 인정했습니다. 그다음에 신애가 도전했지만 결과는 마찬가지였어요.

이 게임에는 처음에 사탕을 가져가는 사람이 반드시 이긴다는 법칙이 숨어 있답니다.

마지막에 사탕 2개가 남았다면 상대방이 1개를 가져가니까 1개가 남게 됩니다. 그러면 남은 1개의 사탕을 내가 가져와야 하므로 지고 말지요. 만약 3개가 남아도 상대방이 2개를 가져가니까 1개가 남아서 지게 돼요. 그러나 끝에서 내가 사탕을 가져온 후 사탕이 1개 남으면, 그다음 사람이 꼭 1개를 가져가야 하니까 상대방이 지게 되죠.

이렇게 남겨야 하는 사탕의 수를 알면 사탕 게임의 고수가 될 수 있어요. 그럼 1개 이전에는 몇 개를 남겨야 할까요? 2개나 3개는 안 되니까 4개가 남았다고 할까요?

4개가 남았을 경우

상대방이 3개를 가져가면 1개가 남으니까 게임에 지게 됩니다.

5개가 남았을 경우

상대방이 1개를 가져가면 4개가 남습니다. 남은 4개 중 3개를 가져오면 승리입니다.

상대방이 2개를 가져가면 3개가 남습니다. 남은 3개 중 2개를 가져오면 승리입니다.

상대방이 3개를 가져가면 2개가 남습니다. 남은 2개 중 1개를 가져오면 승리입니다.

이렇게 5개가 남으면 상대방이 몇 개를 가져가든 이길 수 있답니다. 같은 방법으로 5개 이전에는 몇 개를 남겨야 하는지 알아보면, 9개가 남았을 경우 상대방이 몇 개를 가져가든 이길 수 있어요. 이렇게 남겨야 하는 사탕의 숫자를 보면 1, 5, 9입니다. 무엇인가 규칙이 있죠?

"숫자가 4씩 커지고 있어요."

우리 친구의 말처럼 4씩 커져서 13개, 17개를 남기면 승리하게 됩니다. 처음에 20개의 사탕이 있을 때, 게임을 시작하는 사람이 사탕 3개를 가져가서 17개가 되면 이 게임은 무조건 그 사람이 이기는 것입니다.

> 사탕 게임에서 이기기 위해 남겨야 하는 사탕의 수는 1, 5, 9, 13, 17입니다.

자, 신애가 다시 선생님과 경기를 해 볼까요? 내가 20개의 사탕 중 3개를 가지고 왔습니다. 그럼 17개가 남았죠? 이제 신애가 경기 규칙에 맞게 사탕을 1개에서 3개까지 원하는 만큼 가지고 가세요. 신애가 사탕 2개를 가지고 가니 남은 사탕은 15개네요. 아까 사탕이 13개 남아야 이긴다고 했죠? 그러니까 나는 2개를 가져갈게요.

신애가 가져간 사탕 2개＋가우스가 가져간 사탕 2개＝4개

이번에는 신애가 사탕 1개를 가지고 가니 남은 사탕은 12개가 되었습니다.

9개가 되어야 이기므로 나는 3개의 사탕을 가져옵니다.

신애가 가져간 사탕 1개＋가우스가 가져간 사탕 3개＝4개

마지막으로 신애가 사탕 3개를 가지고 가니 남은 사탕이 9개가 되었는데, 5개가 되어야 이기므로 나는 1개의 사탕을 가져옵니다.

신애가 가져간 사탕 3개＋가우스가 가져간 사탕 1개＝4개

이제 5개의 사탕이 남았으니 신애가 몇 개를 가지고 가든 1개가 남도록 내가 사탕을 가져오면 무조건 나의 승리인 거예요.

이렇게 사탕 게임에서 이기기 위해 남겨야 하는 사탕의 수 1, 5, 9, 13, 17과 이 숫자를 남기고 나서 신애와 내가 가져간 사탕의 수의 합 4 사이에는 어떤 관계가 있을지 궁금하죠?

다음 시간에는 이 사탕 게임의 수열에 숨어 있는 또 다른 비밀을 공개할게요. 그럼 다음 시간에 만나요.

수업정리

❶ 1부터 연속된 자연수의 합은 수를 나열한 것과 그 수를 거꾸로 나열한 것을 묶어 합한 후 반으로 나누면 구할 수 있습니다.

❷ 어떤 규칙에 따라 차례로 나열된 수의 열을 수열이라고 하고 각 수를 수열의 항이라고 합니다. 항은 번호를 붙여 a_1, a_2, a_3, a_4, ……로 나타내며 항의 개수가 유한개인 수열을 유한수열, 항이 무한히 계속되는 수열을 무한수열이라고 합니다.

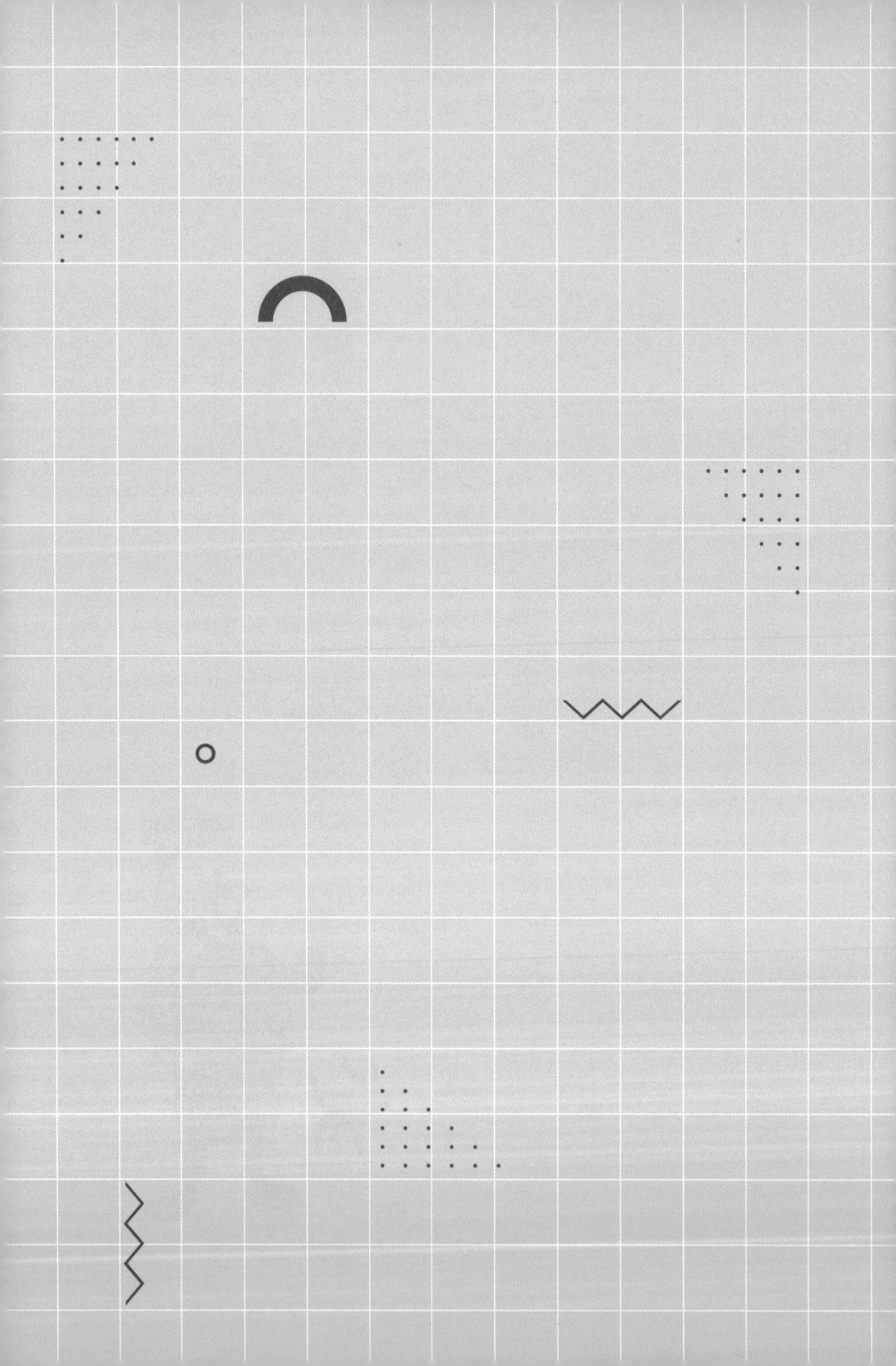

2교시

등차수열의 합

등차수열이 무엇일까요?
등차수열의 뜻을 알고 수열의 합을 구해 봅시다.

수업 목표

1. 등차수열의 뜻을 알 수 있습니다.
2. 등차수열의 합을 구할 수 있습니다.

미리 알면 좋아요

1. **등호** 같음을 나타내는 기호 '='를 등호라고 합니다. '□=2'라고 하면 □의 값이 2와 같다는 것입니다.

2. **등식** 수나 식이 서로 같다는 것을 등호 '='를 사용하여 나타낸 식입니다. 등호를 기준으로 등식의 왼쪽을 좌변이라고 하고, 오른쪽을 우변이라고 하며, 좌변과 우변을 통틀어 양변이라고 합니다. 예를 들어, □+2=7이라고 하면 좌변은 □+2이고 우변은 7이 됩니다.

가우스의
두 번째 수업

지난 수업 시간에, 사탕 게임에서 이길 수 있는 수열 1, 5, 9, 13, 17에는 비밀이 숨어 있다고 했죠? 이번 시간에는 그 비밀을 알고 이 수열의 합을 구해 봅시다.

수열 1, 5, 9, 13, 17은 항이 5개입니다. 이 수열의 숫자를 잘 보면 17 다음 항도 구할 수 있답니다. 과연 어떤 숫자일까요?

"신애와 선생님이 가져간 사탕의 수의 합 4만큼 사탕 개수가 줄어드는 거잖아요. 그러니까 앞의 수와 뒤의 수 사이에는 4만큼의 차이가 있어요."

맞아요! 제1항 1과 제2항 5를 보면 뒤항과 앞항 사이에는 4만큼의 차이가 있습니다. 이렇게 앞항에 똑같이 4를 더하면 다음 항이 나오므로, 4를 이용하면 제6항을 구할 수 있어요.

제2항＝제1항＋4＝1＋4＝5
제3항＝제2항＋4＝5＋4＝9
제4항＝제3항＋4＝9＋4＝13
제5항＝제4항＋4＝13＋4＝17
제6항＝제5항＋4＝17＋4＝21

그럼 위의 수열을 봅시다. 앞항에 일정한 값 4를 더해서 다음 항을 구할 수 있습니다. 이렇게 일정한 수를 더해서 얻는 수열을 등차수열이라고 합니다. 그리고 4와 같이 일정하게 더해지는 값은 공차라고 합니다.

앞항에 공차를 더해 뒤항이 되기 때문에 뒤항에서 앞항을 빼면 공차의 값을 구할 수 있답니다. 즉, 사탕 게임에서 나와 신애가 가져간 개수의 합인 4는 사탕 게임 수열의 공차입니다.

수열 1, 5, 9, 13, 17, ……의 제100항을 구해 봅시다. 어떻게 구하면 될까요? 4를 계속 더해 나가는 것은 시간이 많이 걸리니까, 1부터 100까지의 합을 빠르게 구했던 것처럼 또 다른 방법이 있겠죠?

앞에서 적은 항의 값을 조금 바꾸어 봅시다. 제3항을 구할 때, 5라는 것은 제2항에 4를 더한 것이고 마찬가지로 제4항도 제3항에 4를 더한 것입니다. 그러므로 3항이 1＋4＋4라는 것을 넣어 다음과 같이 바꿉니다.

제3항＝5＋4＝(제2항＋4)＋4＝1＋4＋4
제4항＝9＋4＝(제3항＋4)＋4＝1＋4＋4＋4

이제 4항까지 바꾼 것을 적어 봅시다.

제1항＝1
제2항＝1＋4
제3항＝1＋4＋4
제4항＝1＋4＋4＋4

규칙이 보이나요? 첫 번째 규칙은 모든 항에는 제1항의 값인 1이 더해졌다는 것입니다. 두 번째 규칙은 제1항의 값인 1 뒤의 숫자 4를 보면 알 수 있어요. 제2항은 공차가 1번 더해졌고, 제3항은 공차가 2번 더해졌고, 제4항은 공차가 3번 더해졌습니다. 공차가 더해진 것을 간단하게 곱하기로 나타내어 봅시다.

제1항＝1
제2항＝1＋4×1
제3항＝1＋4×2
제4항＝1＋4×3

이쯤이면 우리 친구들이 눈치챘을 것 같네요. 두 번째 규칙은 바로 항의 숫자보다 하나 작은 수만큼 공차를 곱한다는 거랍니다. 이런 규칙을 이용하면 제100항도 쉽게 구할 수 있습니다.

첫 번째 규칙처럼 우선 제1항을 적어요. 그리고 항이 모두 100개니까 100보다 하나 작은 숫자인 99만큼 공차 4를 곱하면 됩니다. 이렇게 일정한 수를 더하는 등차수열은 제1항과 공차만 알면 어떤 항이든 구할 수 있어요.

제100항＝1＋4×99＝397

> **Tip** 등차수열의 일반항 구하는 방법
>
> 제1항을 a_1, 공차를 d라고 하면 등차수열의 일반항 a_n을 다음과 같이 구할 수 있습니다.
>
> $$a_n = a_1 + (n-1) \times d$$

이 등차수열 안에는 규칙이 또 하나 숨어 있답니다. 등차수열의 이웃하는 세 수를 가져오면 알 수 있어요. 1, 5, 9, 13, 17, ……에서 이웃하는 숫자 1, 5, 9를 가져와서 가운데 5를 제외한 양쪽의 두 수를 더하면 1+9=10이죠? 10은 가운데 있는 숫자의 2배입니다.

다른 숫자도 가져와 볼까요? 9, 13, 17을 가져와서 가운데 13을 제외한 두 수의 합 9+17=26은 가운데 수 13의 2배가 됩니다. 이렇게 순서대로 적힌 등차수열의 세 숫자를 가지고 왔을 때, 가운데 숫자의 2배는 양쪽 숫자의 합과 같습니다. 이때 가운데 수를 양쪽 수의 등차중앙이라고 합니다.

"그럼 2, 2, 2, 2, 2라고 똑같이 쓴 것은 공차가 있나요?"

연결된 두 수를 가져오면 2, 2죠? 뒤항 2에서 앞항 2를 빼면 2-2=0이므로 공차가 0인 등차수열이 된답니다.

"지난 시간에 선생님이 1부터 100까지 합을 구했을 때, 1부터 100까지 차례대로 쓴 자연수도 등차수열인 거죠?"

맞아요. 1, 2, 3, 4, ……, 99, 100이라는 숫자를 보면 앞의 수에 1을 더해서 뒤의 수가 되죠? 이 수열은 제1항이 1이고 공차가 1인 수열로, 제100항까지 나열한 것이랍니다.

등차수열의 합

1, 2, 3, 4, ……, 99, 100이 등차수열이라는 것까지 기억하다니 정말 기억력이 대단한걸요. 1부터 100까지의 합을 구하는 방법도 기억하고 있겠네요. 그럼 1, 5, 9, 13, 17의 모든 항의 합은 어떻게 될까요?

"정말 간단한데요? 1, 5, 9, 13, 17을 거꾸로 하여 원래 숫자들 밑에 쓰면 합이 18이므로, 합이 18인 사각형이 5개가 되잖아요. 이 합을 2로 나누면 되죠."

1	5	9	13	17
17	13	9	5	1

$$\frac{18 \times 5}{2} = 45$$

네, 아주 정확하게 기억하고 있군요. 이때 합이 18이라는 것은 맨 앞의 사각형 안의 숫자 1과 17의 합만 보아도 알 수 있습니다. 그래서 등차수열의 합을 구할 때는 첫째 항과 끝항의 합을 항의 개수만큼 곱한 후 2로 나누면 된답니다.

> 첫째 항 a_1, 끝항 l, 항의 수 n을 알 때, 등차수열의 합 S_n을 구하는 공식
>
> $$S_n = \frac{(a_1 + l) \times n}{2}$$

공식에 'S'가 있죠? 첫째 항부터 쭉 더하는 수열의 합을 나타낼 때는, 더하기를 뜻하는 영어 글자 'Sum'의 머리글자를 따서 S를 쓴답니다. 이때, 몇 번째 항까지 더해야 하는지 S의 오른쪽 아래에 작은 글자로 써서 나타내요. 그럼 1, 5, 9, 13, 17은 제1항부터 제5항까지 더했으니까 $S_5 = 45$라고 쓸 수 있답니다.

그런데 등차수열의 합을 구할 때, 항의 수를 알려 주지 않거나 끝항을 알려 주지 않을 때도 있어요. 예를 들어, 여러분에게 1, 5, 9, 13, 17, ……, 41인 수열이 주어졌다면 어떻게 할까요? 수열의 합을 구하려면 항의 수를 알아야 하는데 중간에 항이

몇 개가 생략되었는지 눈에 바로 보이지 않죠? 이때는 등차수열의 항을 구하는 방법을 이용하면 된답니다.

수열 1, 5, 9, 13, 17, ……, 41을 보면 제1항이 1이고 공차는 4입니다. 이때 41의 항이 몇 항인지 모르므로 제n항이라고 표시할게요.

제n항 41 = 제1항 + $(n-1)$ × 공차 = 1 + $(n-1)$ × 4

우변 $(n-1)$ × 4에 1을 더해서 41이 되었으니, 1을 더하기 전에는 40이었겠죠? 그래서 양변에 1을 더하기 전의 식을 쓰면 40 = $(n-1)$ × 4가 됩니다. 4를 10번 곱하면 40이 되므로 n에 들어갈 숫자는 11이며, 끝항 41의 항의 수는 11이 됩니다. 즉, 주어진 수열의 제1항은 1, 제11항은 41입니다.

이제야 이 수열의 합을 구할 수 있겠군요. 사각형 안의 합이 42이고 항의 수가 11개라는 것을 이용해서 합을 구합시다.

| 1 | 5 | 9 | 13 | …… | 41 |
| 41 | | | | …… | 1 |

수열의 합 = $\dfrac{42 \times 11}{2}$ = 231

"선생님, 사각형 안에 거꾸로 수열을 쓸 때 끝항인 41 이전의 항을 구해서 써야 되지 않나요? 왜 사각형 안에 수열을 다 쓰지 않나요?"

등차수열의 합을 구할 때 '첫째항+끝항'을 이용하죠? 41 이전의 항 37, 33, 29와 같은 항을 알지 못하더라도 사각형 안의 합은 다 같으니까 첫째항과 끝항만 알면 돼요.

이번에는 수열 1, 5, 9, 13, 17, ……의 제1항부터 제50항까지의 합을 구해 볼까요? 제1항은 1이고 제50항까지니까 항의 수는 50입니다. 하지만 끝항을 알지 못하니까 직접 구해야 돼요.

등차수열의 항을 구하는 방법을 이용하면 되겠죠? 제50항을 구해 보면, 제50항=제1항+49×공차=1+49×4=197이라는 것을 알 수 있습니다. 이제 제1항과 제50항을 알았으니까 $\frac{(첫째항+끝항) \times 항의 수}{2}$를 이용하여 구하기만 하면 된답니다. 즉, 구하려는 수열의 합은 $\frac{(1+197) \times 50}{2}=4950$입니다.

수업정리

❶ 등차수열

일정한 숫자를 더하여 만드는 수열을 등차수열이라고 합니다.

❷ 공차

등차수열에서 각 항에 일정하게 더하는 수를 공차라고 합니다. 공차를 구하는 방법은 '(뒤항)−(앞항)'입니다. 예를 들어 1, 3, 5, 7, 9와 같은 등차수열에서 연달아 있는 두 수 1, 3을 가져와서 뒤항 3에서 앞항 1을 빼면$_{3-1}$ 공차 2를 구할 수 있습니다.

❸ 등차수열의 제1항 a_1과 공차 d를 이용하면 일반항 a_n도 구할 수 있습니다.

$$a_n = a_1 + (n-1) \times d$$

❹ 순서대로 적힌 등차수열의 세 숫자를 가져오면 가운데 숫자의 2배는 양쪽의 숫자의 합과 같으며, 이때 가운데 수를 양쪽 수의 등차중앙이라고 합니다.

❺ 첫째항 a_1과 끝항 l, 항의 수 S_n을 알 때 등차수열의 합을 구하는 공식

$$S_n = \frac{(a_1+l) \times n}{2}$$

❻ 끝항이나 항의 수를 모를 때는 등차수열의 항을 구하는 방법을 이용하여 끝항이나 항의 수를 n으로 하여 식을 세워 구한 후, 등차수열의 합을 구합니다.

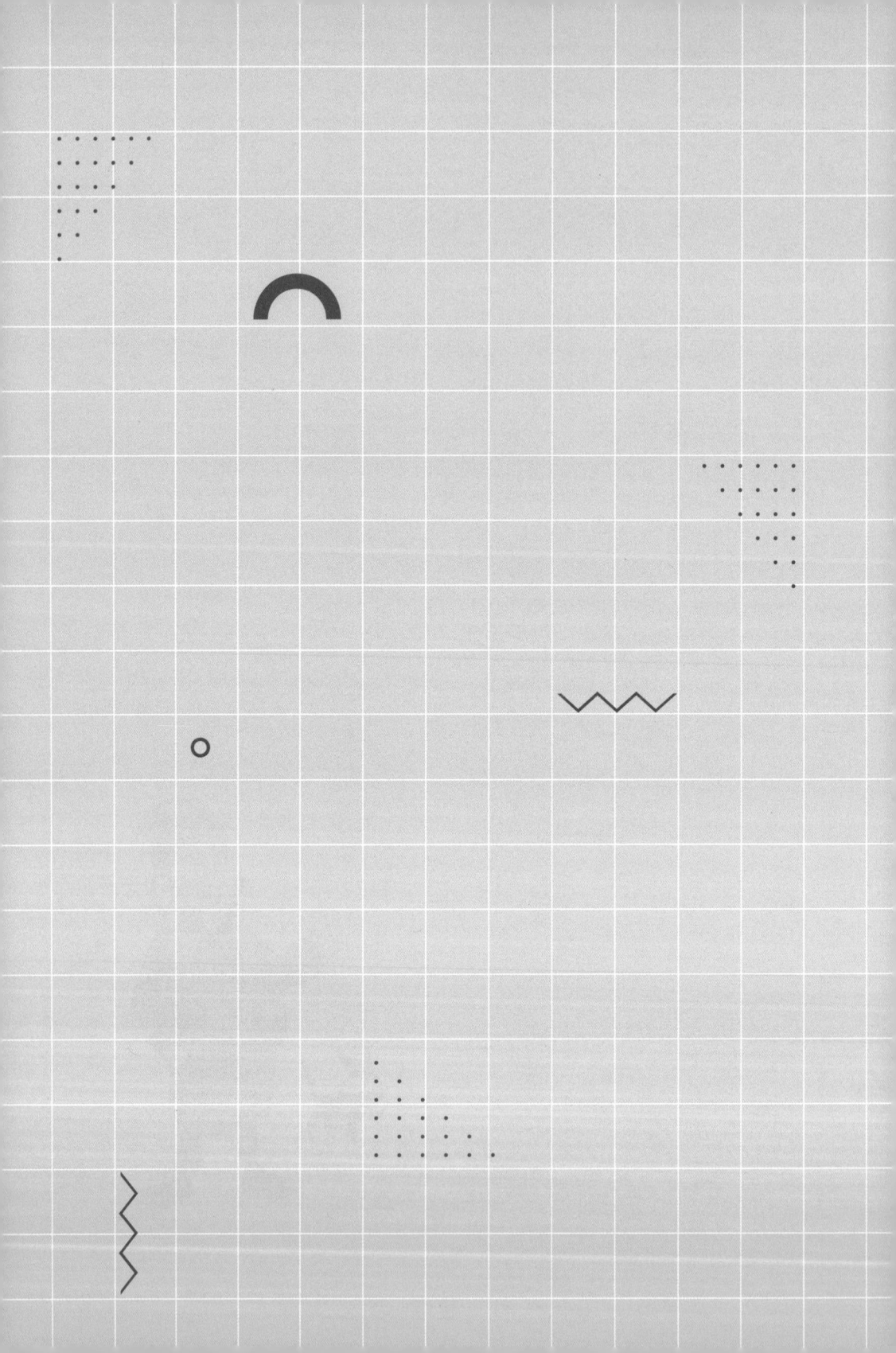

3교시
등비수열의 합

등비수열이 무엇일까요?
등비수열의 뜻을 알고 수열의 합을 구해 봅시다.

수업 목표

1. 등비수열의 뜻을 알 수 있습니다.
2. 등비수열의 합을 구할 수 있습니다.

미리 알면 좋아요

1. **제곱** 같은 것을 곱하는 것을 제곱이라고 합니다. 넓이를 나타내는 단위 cm^2은 cm센티미터가 두 번 곱해진 것입니다. 그리고 같은 것을 여러 번 곱하는 것을 거듭제곱이라고 합니다. 2^4이라고 쓰인 거듭제곱은 2를 네 번 곱한 것으로 '2의 네제곱'이라고 읽고, 이때 2를 밑, 4를 지수라고 합니다.

2. **지수법칙** 거듭제곱한 식의 곱셈은 지수의 덧셈으로 구할 수 있습니다. 예를 들어, 2^3과 2^4은 밑이 2입니다. 이와 같이 밑이 같은 경우에는 지수를 더하여 간단하게 다음과 같이 나타낼 수 있습니다.

$$2^{③} \times 2^{④} = 2^{③+④} = 2^{⑦}$$

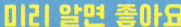
지수의 덧셈

$$a^m \times a^n = a^{m+n}$$

3. **분배법칙** $2 \times (3+4)$와 같이 괄호 앞의 '2 곱하기'는 괄호 안의 3과 4에 똑같이 분배하여 $2 \times 3 + 2 \times 4$라고 쓸 수 있습니다. 반대로, $2 \times 3 + 2 \times 4$에서 3과 4에 똑같이 곱해진 2를 괄호 앞에 먼저 쓰고 3과 4를 괄호 안에 넣어 $2 \times (3+4)$라고 쓸 수 있습니다. 이것을 분배법칙이라고 합니다.

가우스의 세 번째 수업

 자, 이 동전을 보니까 생각나는 것이 있죠? 첫 시간에 했던 동전 마술로 이 동전을 바꾸어 볼게요. 1개의 동전이 2배가 되어 2개, 또 2배가 되어 4개……. 이런 식으로 선생님의 손이 다섯 번 움직였어요. 동전이 무척 많아 보이죠? 동전을 세지 않고 몇 개가 되었는지 알 수 있나요?
 "1에서 2배를 다섯 번 했으니까 처음에는 1개가 2개로 되었고, 두 번째는 2개가 4개로, 세 번째는 4개가 8개로, 네 번째는

16개로, 마지막 다섯 번째는 16개의 2배인 32개가 되었습니다."

맞아요. 동전의 개수를 수열로 나타내면 1, 2, 4, 8, 16, 32가 됩니다. 직전 동전의 개수에 2배를 해서 다음 개수를 구했죠?

제2항=제1항×2=1×2=2
제3항=제2항×2=2×2=4
제4항=제3항×2=4×2=8
제5항=제4항×2=8×2=16
제6항=제5항×2=16×2=32

이렇게 앞항에 똑같이 2를 곱하면 다음 항이 나오게 된답니다. 지난 시간에 같은 수를 더해서 다음 항이 나오는 수열을 등차수열이라고 했죠? 이번 시간에는 다음 항이 같은 수를 곱한 수로 이루어진 수열을 배울 거예요.

똑같이 2가 곱해져서 다음 항이 되는 수열 1, 2, 4, 8, 16, 32와 같이 일정한 수를 곱하여 얻는 수열을 등비수열이라고 하고 일정하게 곱해지는 수를 공비라고 합니다. 앞항에 공비를 곱해 뒤항이 되기 때문에, 공비의 값은 뒤항에서 앞항을 나누면 구할 수 있답니다. 수열 1, 2, 4, 8, 16, 32에서 이어진 두 항 8과 16을 가져와서 뒷항 16을 앞항 8로 나누면 16÷8 2가 나오죠? 이렇게 구한 2가 공비입니다.

수열 1, 2, 4, 8, 16, 32, ……의 제100항도 구해 볼까요? 지난 시간에 등차수열의 제100항을 구했던 것 기억나나요? 항의 수보다 1만큼 작게 공차를 더해서 빠르게 구했던 것처럼 등비수열의 항도 빠르게 구할 방법이 있겠죠?

수열 1, 2, 4, 8, 16, 32의 항에 공비 2가 몇 번 곱해지는지 식을 변형해 알아봅시다.

제1항은 1항에 공비 2를 1번 곱한 것이므로 제2항=제1항×2가 됩니다. 또 제3항은 제2항에 2를 곱한 것이므로 제3항=제2항×2=제1항×2×2가 되겠죠?

자, 6개의 항을 제1항과 공비의 곱으로 바꾸어서 적어 보았습니다.

제1항=1 제2항=제1항×2=2 제3항=제2항×2=4 제4항=제3항×2=8 제5항=제4항×2=16 제6항=제5항×2=32	제1항=1 제2항=제1항×2=2 제3항=제1항×2×2=4 제4항=제1항×2×2×2=8 제5항=제1항×2×2×2×2=16 제6항=제1항×2×2×2×2×2=32

규칙이 보이죠? 등차수열과 마찬가지로 첫 번째 규칙은 모든 항에는 제1항의 값인 1이 곱해진다는 것입니다.

두 번째 규칙은 제1항의 값인 1 뒤에 숫자 2가 곱해진 것의 개수를 보면 알겠죠? 제2항은 공비가 1번 곱해졌고, 제3항은 공비가 2번 곱해졌고, 제4항은 공비가 3번 곱해졌습니다. 즉, 항의 수보다 1만큼 적게 공비가 곱해진 것이죠.

이제 제100항을 구해 봅시다. 항의 수 100보다 1 작은 수가 99니까 2를 99번 곱하면 되겠죠? 그러므로 제100항은 다음과 같습니다.

$$제100항 = 제1항 \times 공비\ 2 \times 99$$

$$제100항 = 1 \times \underbrace{2 \times 2 \times 2 \times \cdots\cdots \times 2}_{99번\ 곱하기}$$

그런데 공비 2를 99번 곱한 값을 계산하려고 곱하기 2를 99번이나 한다면 어떨까요? 시간도 많이 걸리고 중간에 몇 번 곱했는지 잊어버리면, 다시 처음부터 계산해야 할지도 모릅니다. 그래서 거듭제곱이라는 것을 사용한답니다.

수열 1, 2, 4, 8, 16, 32에 공비의 곱으로 나타낸 식을 보면 똑같은 값 2를 계속 곱했죠? 똑같은 수를 여러 번 곱하는 것을 간단하게 나타낸 것을 거듭제곱이라고 합니다. 2를 99번 곱한 것을 거듭제곱을 이용하면 2^{99}이라고 쓰고 '2의 99제곱'이라고 읽습니다.

이때, 똑같이 곱해지는 2를 거듭제곱의 밑이라고 하고 곱해지는 횟수인 99를 거듭제곱의 지수라고 합니다.

$$2^{99} \quad \begin{matrix} \leftarrow \text{지수} \\ \leftarrow \text{밑} \end{matrix}$$

제2항이 제1항×2니까 2였죠? 이것은 2가 한 번 곱해진 것인데, 한 번 곱했다는 것은 거듭제곱으로 나타내면 2^1입니다. 하지만 1은 보통 생략하고 씁니다. 수학은 복잡하게 나타내는 것보다 식이나 기호를 가지고 간단하게 나타내는 것을 좋아하거든요. 이렇게 식을 간단하게 나타내는 방법이 더 궁금한 학생은 대수학의 아버지라 불리는 수학자《비에트가 들려주는 식의 계산 이야기》를 참고하세요.

> **Tip** 등비수열의 일반항 구하는 방법
>
> 제1항을 a, 공비를 r이라고 하면 등비수열의 일반항 a_n은 다음과 같이 구할 수 있습니다.
>
> $$a_n = a \times r^{n-1}$$

등차수열에 등차중앙이 있다면 등비수열에는 등비중앙이 있습니다. 이것도 등차수열과 마찬가지로 이웃하는 세 숫자를 가져와서 계산하는 것이랍니다. 1, 2, 4, 8, 16, 32에서 세 수 1, 2, 4를 가져와 봅시다. 양쪽의 두 수 1과 4를 곱하면 4죠? 이것은 가운데 2를 2번 곱한 것과 같습니다.

다른 숫자도 가져와 볼까요? 4, 8, 16을 가져와서 가운데 8을 제외한 두 수의 곱 $4 \times 16 = 64$은 가운데 수 8을 2번 곱한 64와 같습니다. 이렇게 순서대로 적힌 등비수열의 세 숫자에서 가운데 숫자를 2번 곱한 것은 양쪽 숫자의 곱과 같습니다.

등비수열의 합

등차수열 1, 2, 3, 4, ……, 99, 100의 합을 구한 것처럼 등비수열 1, 2, 4, 8, 16, 32의 합도 구해 봅시다. 등차수열처럼 숫자를 나열해 볼게요.

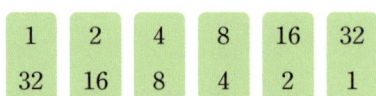

첫 번째 사각형은 합이 33이고 두 번째 사각형은 18, 세 번째는 12입니다. 사각형의 합이 달라서 등차수열의 합처럼 구할 수는 없겠죠? 그래서 이번에는 다른 방법을 사용합니다. 등비수열은 공비가 곱해지는 수열이니까 바로 이 공비를 이용합니다.

우선, 거듭제곱으로 나타낸 항을 봅시다.

제1항 $= 1$

제2항 $=$ 제1항 $\times 2 = 1 \times 2 = 2$

제3항 $=$ 제1항 $\times 2 \times 2 = 1 \times 2^2 = 2^2$

제4항 $=$ 제1항 $\times 2 \times 2 \times 2 = 1 \times 2^3 = 2^3$

제5항 $=$ 제1항 $\times 2 \times 2 \times 2 \times 2 = 1 \times 2^4 = 2^4$

제6항 $=$ 제1항 $\times 2 \times 2 \times 2 \times 2 \times 2 = 1 \times 2^5 = 2^5$

이제 합을 구해야겠죠? 제1항부터 제6항까지 더하는 것이므로, 합을 나타내는 영문자 S와 6항까지라는 작은 첨자 $_6$을 사용해서 나타냅니다.

$$S_6 = 1 + 2 + 2^2 + 2^3 + 2^4 + 2^5 \cdots\cdots\cdots ①$$

합을 나타내는 식의 양변에 공비 2를 곱해 볼게요. 이때 우변이 1이나 2, 2^2과 같은 식에 2를 곱하면 2를 곱하는 개수가 하나씩 많아지죠? 우변의 1에 2를 곱하면 2가 되고, 2^2에 2를 곱하면 $2^2 \times 2 = 2 \times 2 \times 2 = 2^3$이 됩니다. 즉, 2를 한 번 더 곱하니까 지수가 하나씩 커지는 것이죠. 이렇게 계산하는 것을 지수법칙이라고 해요.

$2 \times S_6 = 2 + 2^2 + 2^3 + 2^4 + 2^5 + 2^6$ ········ ②

$2 \times S_6$은 S_6이 2개 있는 것이니까, $2 \times S_6$에서 S_6을 빼면 S_6 2개에서 1개를 빼는 것과 같습니다. 즉, 우리가 구해야 하는 수열의 합은 S_6입니다.

② − ① = $2 \times S_6 - S_6 = S_6 + S_6 - S_6 = S_6$

이제 S_6을 구하기 위해 공비를 곱해서 구한 식 ②에서 우리가 구하려고 세운 식 ①을 뺄 거예요. ①과 ②의 식에 똑같이 들어 있는 $2 + 2^2 + 2^3 + 2^4 + 2^5$을 빼서 없어지지만 2^6과 1은 남죠? 그러니 똑같은 것끼리 위아래의 같은 위치에 있도록 맞추어 계산해 보도록 해요.

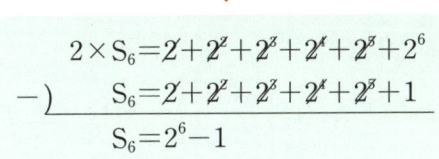

$$2 \times S_6 = 2^1 + 2^2 + 2^3 + 2^4 + 2^5 + 2^6$$
$$-)\quad S_6 = 2^1 + 2^2 + 2^3 + 2^4 + 2^5 + 1$$
$$S_6 = 2^6 - 1$$

그러므로 주어진 등비수열의 합 S_6은 $(2^6 - 1)$이 됩니다.

다음 그림을 봅시다.

나르메르 팔레트

기원전 3100년경의 이집트 나르메르Narmer왕을 새긴 석판이에요. 왼쪽 손에는 숫자 1을 나타내는 지팡이 그림이 있어요. 그리고 그림 오른쪽의 매는 국왕을 상징합니다. 이 매의 한쪽 발은 사람을 잡고 있고 또 다른 발로는 6장의 연꽃잎을 밟고 있죠? 연꽃잎 하나는 1000을 나타낸답니다. 즉, 이 그림은 매를 상징하는 국왕이 연꽃잎이 상징하는 6000명의 적병을 포로로 잡은 것을 나타내요.

　이렇게 이집트는 나일강의 정기적인 범람으로 농토가 비옥했고, 외세의 침입이 어려웠기 때문에 문자와 숫자를 사용하는 문명이 발달했습니다. 그래서 우리가 배우고 있는 등비수열의 합 같은 것도 계산한 흔적이 있어요. 바로 린드 파피루스입니다.

린드 파피루스

이집트에서는 나일강 유역에 많이 나는 '파푸'라는 물갈대 줄기를 잘라 여러 개 붙이고 그늘에 말려서 종이처럼 사용했습니다. 이 책은 린드 지방에서 발견되었다고 해서 린드 파피루스라고 한답니다. 이 책에는 수학에 대한 문제가 110개나 실려 있어요. 그림, 문자, 숫자가 적혀 있죠? 여기에 쓰인 문제 중 등비수열의 합을 구하는 문제를 현대적인 말로 바꾸면 이렇게 됩니다.

'일곱 채의 집에 각각 일곱 마리의 고양이가 있다. 고양이 한 마리는 일곱 마리의 쥐를 잡고, 한 마리의 쥐는 일곱 개의 이삭을 먹는다. 그리고 한 개의 이삭에는 일곱 개의 낱알이 들어 있다. 집, 고양이, 쥐, 이삭, 낱알의 수를 모두 더하면 얼마이겠는가?'

보기 쉽게 식으로 바꾸어 볼까요?

집이 7채 있는데 한 집에 7마리의 고양이가 있으니까 7×7 고양이의 수는 49가 됩니다. 고양이 1마리가 7마리의 쥐를 잡으므로 고양이가 잡는 쥐의 수는 49×7 343이 됩니다. 1마리의 쥐가 먹는 이삭의 수가 7개이므로 343×7 이삭의 수는 2401이 됩니다. 마지막으로 1개의 이삭에 7개의 낱알이 들어 있으므로

2401×7 전체 낱알의 개수는 16807이 됩니다.

그럼 우리가 더해야 하는 집, 고양이, 쥐, 이삭, 낱알의 수를 수열로 나타내면 7, 49, 343, 2401, 16807이죠? 이제 이 수열의 합을 구해 봅시다.

집=7

고양이=49=7×7=7^2

쥐=343=49×7=7×7×7=7^3

이삭=2401=343×7=7×7×7×7=7^4

낱알=16807=2401×7=7×7×7×7×7=7^5

이 수열은 동전이랑 다르게 좀 더 복잡합니다. 동전은 제1항이 1이라 계산이 쉬웠지만 제1항이 7이다 보니 거듭제곱으로 나타냈을 때부터 다르죠? 하지만 똑같은 등비수열이니까 푸는 방법은 비슷합니다.

앞에서 등비수열을 구한 것과 똑같은 순서로 합을 구해 봅시다. 수열 7, 49, 343, 2401, 16807를 거듭제곱으로 나타내면 7, $7^2, 7^3, 7^4, 7^5$이므로 제1항부터 제5항까지의 합을 구하는 식 ①은 이렇게 세울 수 있습니다.

$S_5 = 7 + 7^2 + 7^3 + 7^4 + 7^5$ ········· ①

이제 ①번 식에 공비 7를 곱해서 ②번 식을 구합니다.

$7 \times S_5 = 7^2 + 7^3 + 7^4 + 7^5 + 7^6$ ········ ②

이제 두 식을 나란히 쓴 후, 똑같은 것끼리 자리를 맞추어 ②에서 ①을 빼 봅시다.

$$7 \times S_5 = 7^2 + 7^3 + 7^4 + 7^5 + 7^6$$
$$S_5 = 7 + 7^2 + 7^3 + 7^4 + 7^5$$

⬇

$$7 \times S_5 = 7^2 + 7^3 + 7^4 + 7^5 + 7^6$$
$$-) \quad S_5 = 7^2 + 7^3 + 7^4 + 7^5 + 7$$
$$6 \times S_5 = 7^6 - 7$$

$6 \times S_5$는 S_5가 6개 있는 것이므로 $(7^6 - 7)$을 6으로 나누면 S_5를 구할 수 있습니다.

$$S_5 = \frac{7^6 - 7}{6}$$

위 식을 조금 바꾸어 볼게요. 분모와 분자가 공통 부분을 가지도록 바꾸어 일반적인 공식을 유도해 보는 과정이에요.

분모 바꾸기

동전의 합을 구할 때와 다르게, 우리가 구해야 하는 합 S_5 앞에 6이 생긴 과정을 생각해 볼까요? 공비 7을 곱해서 S_5가 7개 있는 식에서 S_5가 1개 있는 식 ①을 뺐기 때문에, $7 \times S_5 - S_5$의 7개에서 1개를 빼서 7-1 6이 되었습니다.

분자 바꾸기

우변의 (7^6-7)에서 7^6은 초항 7에 공비 7이 5번 곱해진 것이므로 $7^6=$초항 7×7^5이고 뒤의 7은 S_5의 초항 7이랍니다. 분배법칙을 이용해 똑같이 들어간 초항 7을 소괄호 (   )의 앞에 적어 주고 나머지를 괄호 안에 적어서 $7^6-7=7 \times (7^5-1)$로 바꾸면 됩니다.

$$7^6-7=초항\,7 \times 7^5 - 초항\,7 = 초항\,7 \times (7^5-1)$$

이제, 분모와 분자를 바꾸어 써 볼까요?

$$S_5 = \frac{7^6-7}{6} = \frac{7 \times (⑦^5-1)}{⑦-1}$$

1, 2, 4, 8, 16, 32의 합 S_6은 (2^6-1)이었죠? 이것도 파피루스 문제처럼 공비 2를 써서 식을 쓸 수 있답니다. 이 식에서 분모의 $(2-1)$은 1이기 때문에 생략되었을 뿐입니다.

$$S_6 = \frac{1 \times (2^6 - 1)}{2 - 1}$$

> 제1항 a_1부터 제n항까지 등비수열의 합 S_n을 구하는 방법
>
> $$S_n = \frac{a_1 \times (r^n - 1)}{r - 1}$$

　그런데 $7^6 - 7 = 7 \times (7^5 - 1)$로 바꿀 때 괄호 안에 1을 쓰는 것이 잘 이해가 안 될 수 있어요. 괄호 앞에 7을 괄호 안의 7^5과 1에 곱해 보면 왜 1이 들어가는지 알 수 있답니다. $7 \times (7^5 - 1)$에서 괄호 앞의 7과 7^5을 곱하면 7×7^5은 7을 6번 곱하는 것이므로 7^6이 되고, 7과 1을 곱하면 7이 되니까요.

수업 정리

❶ 등비수열

일정한 숫자를 곱하여 만드는 수열을 등비수열이라고 합니다.

❷ 공비

등비수열에서 각 항에 일정하게 곱하는 수를 공비라고 합니다. 공비를 구하는 방법은 '(뒤항)÷(앞항)'입니다. 예를 들어 2, 6, 18, 54, 162와 같은 등비수열에서 연달아 있는 두 수 6, 18을 가져와서 뒤항 18을 앞항 6으로 나누면18÷6, 공비가 3임을 알 수 있습니다.

❸ 등비수열의 제1항 a와 공비 r을 알면 일반항 a_n을 구할 수 있습니다.

$$a_n = a \times r^{n-1}$$

❹ 제1항 a_1부터 제n항까지 등비수열의 합 S_n을 식으로 나타내면 다음과 같습니다.

$$S_n = \frac{a_1 \times (r^n - 1)}{r - 1}$$

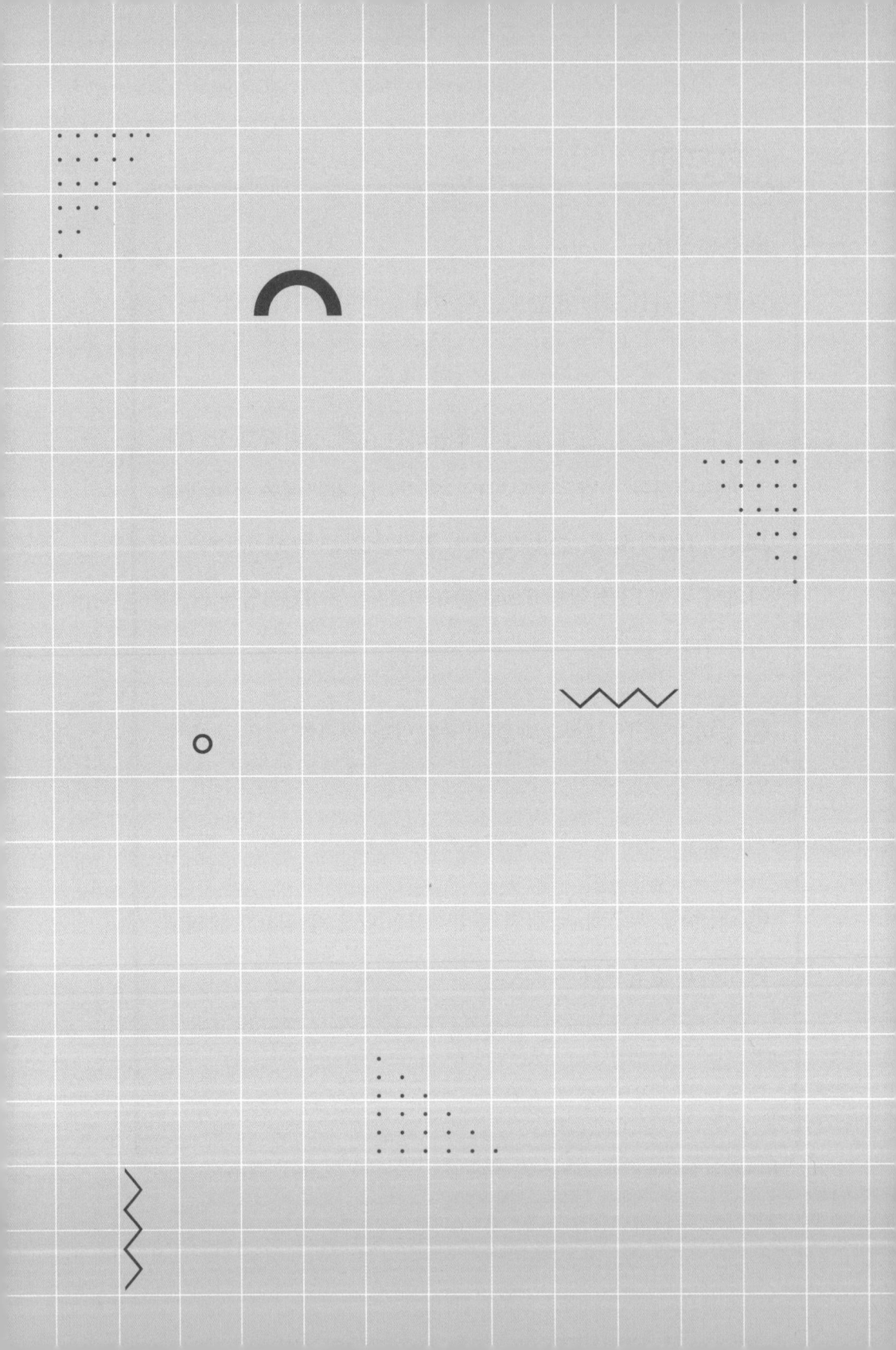

4교시

은행에 맡긴 내 돈은 어떻게 변할까?

원리합계란 무엇일까요?
복리법을 이용하여 원리합계를 구해 봅시다.

수업 목표

1. 원리합계를 계산하는 단리법과 복리법이 무엇인지 알 수 있습니다.
2. 복리법으로 정기 적금의 원리합계를 구할 수 있습니다.

미리 알면 좋아요

1. **자릿수 표현법** 숫자를 나타내는 한 방법으로, 0부터 9까지의 10개의 숫자를 써서 나타내는 것을 십진법이라고 합니다. 이는 숫자의 위치에 따라 값을 결정하는 것입니다. 예를 들어 24라고 하면 2는 십의 자리 숫자이고, 4는 일의 자리 숫자입니다. '천이백삼십사'라는 숫자를 나타낼 때 1234라고 쓰거나 천 단위마다 쉼표를 사용하여 1,234라고 나타내기도 합니다.

2. **퍼센트%** 백분율이라고도 합니다. 전체의 수량을 100으로 하여, 생각하는 수량이 그중 몇이 되는가를 가리키는 것으로, '%' 기호를 사용합니다. 이 기호는 이탈리아어 cento의 약자인 %에서 유래한 것으로 $\dfrac{1}{100}=0.01$이 1%에 해당합니다.

가우스의 네 번째 수업

한 달은 대략 30일 정도이죠? 30일 동안 매일 1억씩 모은다고 하면, 한 달 후에 얼마나 모을 수 있을까요? 우선 매일 모으는 돈을 수열로 나타내면 다음과 같습니다.

1억, 1억, 1억, 1억, 1억, ……, 1억

이 수열은 공차가 0인 등차수열입니다. 그리고 제1항이 1억이고 항의 수가 30개인 수열이므로 등차수열의 합을 구하면 30억이 됩니다.

이번에는 첫날은 10원을 모으고, 둘째 날은 첫날의 2배인 20원을 모으고, 셋째 날은 둘째 날의 2배인 40원을 모은다고 합시다. 이것을 수열로 나타내면 다음과 같습니다.

10원, 20원, 40원, 80원, 160원, ……, □원

30번째 항을 구하지 않고 그냥 □라고 썼어요. 이 수열은 공비가 2인 등비수열이고 항의 수가 30개입니다. 그럼 30일 동안 매일 1억씩 모으는 것과 10원부터 2배씩 30일을 모으는 것 중 어느 경우가 더 많은 돈을 모을 수 있을까요?

"10원, 20원 이렇게 적은 돈을 더하는 것보다 1억이라는 큰돈을 모으는 것이 더 크지 않을까요?"

1부터 2, 3, …… 순서대로 1초마다 하나씩 세어서 1억까지 세려면, 안 먹고 안 자고 세어도 20년 이상 걸리므로 1억이라는 돈도 무척 큰돈이랍니다. 그래서 언뜻 생각하면 30억이나 되니까 1억을 30번 모으는 것이 더 크다고 생각할 수도 있을 것 같네요.

하지만 그렇게 쉬운 문제면 선생님이 문제를 내진 않았겠죠? 우리는 등차수열과 등비수열의 합을 구할 수 있으니까 직접 합을 구해서 비교해 봅시다.

매일 1억씩 모으는 등차수열 1억, 1억, 1억, 1억, 1억, ……, 1억의 30항까지의 합은 1억을 30번 모았으므로 30억이 됩니다.

등차수열의 합 $S_{30} = \dfrac{(1억+1억) \times 30}{2} = \dfrac{2억 \times 30}{2} = 30억$

이제 10원부터 2배씩 하여 30일 동안 모으는 수열 10원, 20원, 40원, 80원, 160원, ……, □원의 합을 구해 봅시다. 항은 30개이고 공비는 2이므로 30항까지의 항을 구합니다.

등비수열의 합 $S_{30} = \dfrac{10 \times (2^{30}-1)}{2-1} = \dfrac{10 \times (2^{30}-1)}{1}$
$= 10 \times (2^{30}-1) = 10 \times 1073741823$
$= 10737418230$

1억을 아라비아 숫자로 나타내면 100,000,000이므로 30억은 3,000,000,000이 됩니다. 이제 두 값을 비교해 봅시다.

매일 1억씩 모으는 경우 : 3,000,000,000원
10원부터 2배씩 모으는 경우 : 10,737,418,230원

신기하게도 10원부터 시작하여 2배씩 모으는 것이 대략 70억 정도 더 많답니다. 이렇게 돈을 모을 때는 어떤 방법이 더 많이 모을 수 있는지 직접 계산하고 비교해 보아야 저축할 때 더 많

이 모으는 방법을 결정할 수 있답니다.

은행을 지나가다 보면 예금 상품 광고 현수막이 붙은 걸 볼 수 있어요. 예를 들어, 이율 6%처럼 이율을 퍼센트로 알려 주고 있답니다. 이율이란, 은행에 돈을 넣으면 은행은 그 돈을 받아 다른 곳에 사용할 수 있기 때문에 그 돈에 대한 약간의 사용료를 돈을 맡긴 사람에게 주는 것이죠. 이렇게 돈을 은행에 넣고 받는 돈을 이자라고 합니다.

이자는 넣은 돈(원금)의 액수에 비례해서 주기 때문에, 이자를 얼마만큼의 비례로 줄 것인지 알려 주는 것이 이율입니다. 즉, 이율이 6%라는 것은 원금의 6%를 이자로 준다는 것이고, 이율이 10%라는 것은 원금의 10%를 준다는 것이죠. 그럼 1,000원을 넣었을 때 이율에 따라 받는 이자를 계산해 볼까요?

> 이자=원금 이율만큼의 돈=원금×이율

이율이 6%라는 것은 전체 중 $\frac{6}{100}$을 차지한다는 것이고 이율 10%는 전체 중 $\frac{10}{100}$을 차지하는 것이므로 이것을 이용하면 이자를 구할 수 있습니다.

이율 6%의 이자 $= 1000 \times \dfrac{6}{100} = 60$원

이율 10%의 이자 $= 1000 \times \dfrac{10}{100} = 100$원

    이렇듯 이율이 높을수록 이자도 높습니다. 즉, 자신이 넣은 돈보다 더 많은 돈을 받게 되는 것이죠. 그래서 저축할 때는 이율을 비교해서 이율이 높은 곳에 돈을 넣는 것이 좋답니다. 부모님에게 받은 돈을 매달 꼬박꼬박 모을 거라면 이율이 높은 은행을 선택해야겠죠?

    그런데 똑같은 이율을 가지고 이자를 주는 방법에는 두 가지가 있어요. 하나는 단리법이고 하나는 복리법입니다. 매달 똑같은 날짜에 일정 기간 돈을 저축하는 정기 적금을 했을 때, 단리법과 복리법에 따라 모으는 돈에 차이가 생겨요. 차이를 알려면 단리법과 복리법이 무엇인지부터 알아야겠죠? **단리법**은 돈을 맡긴 기간에 비례하여 이자를 계산하는 방법입니다. 원금 10,000원을 은행에 맡겼을 때, 1개월에 이율 10%의 이자를 단리법으로 준다고 했을 때의 이자를 계산해 봅시다.

1개월 : $10000 \times \dfrac{10}{100} \times 1$개월 $= 1000$원

이 돈을 2개월 동안 은행에 맡긴다고 하면 이자는 한 달에 한 번 받게 되므로 원금 10,000원에 대한 이자는 두 번을 받게 됩니다. 이렇게 3개월까지 맡겼을 때의 이자를 계산해 봅시다.

$$2개월 : 10000원 \times \frac{10}{100} \times 2개월 = 2000원$$

$$3개월 : 10000원 \times \frac{10}{100} \times 3개월 = 3000원$$

이렇게 이자를 계산해서 □기간만큼 시간이 흘렀을 때, 단리법으로 계산한 이자는 다음과 같습니다.

단리법에 의한 이자 계산법 = 원금 × 이율 × □기간

그럼 돈을 은행에 맡기고 받게 되는 돈은 원금과 이자를 더한 금액이 되죠? 이렇게 원금과 이자를 합한 금액을 원리합계라고 합니다.

단리법에 의한 원리합계 = 원금 + (원금 × 이율 × □기간)

이번에는 다른 이자 계산 방법을 살펴볼까요? 복리법은 일정 기간마다 이자를 계산해서 원금에 더하는 방법이랍니다. 단리법과 똑같이 원금 10,000원을 은행에 맡겼을 때 1개월 이율 10%의 이자를 복리법으로 계산해 볼게요.

1개월 : $10000 \times \dfrac{10}{100} \times 1\text{개월} = 1000$원

"선생님! 복리법도 단리법이랑 똑같은 이자가 생기나요?"

1개월 동안 10,000원을 맡겼을 때는 똑같이 1,000원의 이자를 받게 되지만 시간이 흐르면 받는 이자가 달라집니다.

복리로 1개월 동안 은행에 맡겼을 때의 원리합계를 계산하면 원금 10,000원에 이자 1,000원이 생겨서 11,000원이 됩니다. 복리법은 돈을 맡긴 사람이 1개월 후 원리합계 금액을 찾아 이것을 다시 은행에 맡겼다고 본답니다. 즉, 원금에 이자를 합친 11,000원에 해당하는 이자를 주게 됩니다.

(단위 : 원)

개월	원금	이자	원리합계(원금+이자)
1	10,000	$10000 \times \dfrac{10}{100} \times 1\text{개월} = 1000$	11,000
2	11,000	$11000 \times \dfrac{10}{100} \times 1\text{개월} = 1100$	12,100

그러면 원금 10,000원에 대한 이자뿐 아니라 1개월 맡겼을 때 생기는 이자 1,000원에도 이자가 붙게 되는 것이랍니다. 11,000원은 처음 원금에 이자가 생긴 것이므로, 원금 10000+

이자 1000=10000＋(10000×10%)이죠? 이것을 분배법칙을 사용하여 식을 바꾸면 다음과 같습니다.

복리법으로 1개월 후 원리합계＝10000×(1＋10%)
복리법으로 2개월 후 원리합계
＝11000＋11000×$\frac{10}{100}$
＝원금 10,000원＋(원금 10,000원＋이자 1,000원)×10%

1개월 후 원리합계 11000이 10000×(1＋10%)라는 것을 이용해서 2개월 후 원리합계의 식을 조금 바꿀게요.

복리법으로 2개월 후 원리합계
＝10000×(1＋10%)＋10000×(1＋10%)×10%

이 식도 분배법칙을 사용하여 공통인 10000×(1＋10%)로 묶으면 10000×(1＋10%)×(1＋10%)가 됩니다. 그럼 똑같은 (1＋10%)가 두 번 곱해졌으니까 지수법칙으로 간단하게 나타낼 수 있답니다.

복리법으로 2개월 후 원리합계 $= 10000 \times (1+10\%)^2$

3개월 맡겼을 때의 원리합계도 계산해 봅시다. 2개월 맡겼을 때 $10000 \times (1+10\%)^2$이 되므로 2개월에 다시 맡기게 되는 원금은 $10000 \times (1+10\%)^2$원이 됩니다. 이 돈에 10%의 이자가 붙으므로 3개월의 이자는 1,210원입니다. 이 식도 분배법칙과 지수법칙으로 간단하게 나타낼 수 있어요.

복리법으로 3개월 후 원리합계
$= 10000 \times (1+10\%)^2 + 10000 \times (1+10\%)^2 \times 10\%$
$= 10000 \times (1+10\%)^2 \times (1+10\%)$
$= 10000 \times (1+10\%)^3$

즉, 복리법으로 계산한 원리합계는 다음과 같습니다.

복리법으로 1개월 후 원리합계 $= 10000 \times (1+10\%)$
복리법으로 2개월 후 원리합계 $= 10000 \times (1+10\%)^2$
복리법으로 3개월 후 원리합계 $= 10000 \times (1+10\%)^3$

복리법 계산은 단리법과는 조금 다릅니다. 복리법으로 구한 원리합계를 보면, 규칙은 처음에는 원금을 곱하고 그 뒤에 1과 이율의 합에 이자 받는 횟수를 거듭제곱한다는 거예요.

복리법에 의한 원리합계 = 원금 × (1+이율)$^{□기간}$

예를 들어, 원금 10,000원을 10% 이율에 12개월 맡겼을 때 원리합계를 계산하면 다음처럼 구할 수 있어요. 이때 주의할 점은 이율 10%는 퍼센트가 아니라 소수 0.1이나 분수 $\frac{10}{100}$으로 나타내서 계산한다는 거예요.

복리법으로 12개월 후 원리합계
$= 10000 \times (1+10\%)^{12}$
$= 10000 \times (1+0.1)^{12}$
$= 10000 \times (1+0.1)^{12} = 10000 \times 1.1^{12}$

이제 단리법과 복리법에 따라 이자가 얼마나 차이 나는지 볼까요?

시간(월) \ 계산 방법	단리법	복리법	차액
1	11000	11000	0
2	12000	12100	100
3	13000	13310	310
⋮	⋮	⋮	⋮
12	22000	31400	9400

단리법과 복리법으로 계산한 원리합계를 표로 비교하면 처음 이자는 같습니다. 하지만 시간이 지날수록 차액이 100원, 310원으로 조금씩 늘어나다가 12개월이 지나면 9,400원 정도로 차액이 커지게 됩니다.

이렇게 단리법과 복리법은 이자 계산의 차이일 뿐이지만, 맡기는 시간이 길면 길수록 그 차이가 커집니다. 즉, 복리법은 돈은 맡겼을 때 생기는 이자에도 이자가 생기므로 돈을 은행에 맡기기에 더 유리한 계산 방법이에요. 그럼 12개월의 단리법과 복리법을 자세하게 비교해 볼게요.

단리법의 원리합계= 원금 10,000 + 이자 12,000원

복리법의 원리합계= 원금 10,000 + 이자 21,400원

복리법의 원리합계가 더 큰 이유가 무엇이죠?

"이자에 또 이자가 생기니까요."

네, 원금 10,000원만 생각하면 이자는 12,000원이 생겨야 합니다. 그런데 21,400원이 나온 이유는 이자에 대한 이자인

9,400원이 생겼기 때문이랍니다. 이렇게 이자에 대한 이자는 처음에 100원, 310원과 같이 적은 돈이지만, 12개월이 지나면 9,400원이 생긴 것처럼 거의 원금 10,000원과 비슷한 정도로 늘어나요.

만약 이 돈을 2배의 기간인 24개월 맡긴다고 하면 98,000원 정도의 이자에 대한 이자가 생긴답니다. 기간을 2배로 늘렸을 뿐인데 이자는 9,400원에서 98,000원으로 10배 이상 늘어났죠? 그래서 복리로 오랜 시간 돈을 모을수록 더 이득이 되는 것이랍니다. 여러분도 지금부터 저축을 꾸준히 하면 어른이 되어서 아주 많은 돈을 모을 수 있겠죠? 이번 기회에 용돈을 아껴서 저축왕이 되는 것도 좋을 것 같네요.

수업 정리

❶ 원금과 이자를 합친 금액을 원리합계라고 합니다.

❷ 맡긴 기간에 비례하여 이자를 계산하는 단리법에 의한 원리합계 공식은 다음과 같습니다.

　　단리법에 의한 원리합계＝원금＋(원금×이율×□기간)

❸ 일정 기간마다 이자를 계산해서 원금에 더하는 방법인 복리법에 의한 원리합계 공식은 다음과 같습니다.

　　복리법에 의한 원리합계＝원금×(1＋이율) □기간

❹ 복리법을 사용하면 만기가 길어질수록 이자에 대한 총 금액이 원금에 대한 이자를 넘을 정도로 급속히 증가하기 때문에 단리와 복리의 차이는 커집니다. 그리고 복리 계산에서 이자에 대한 투자 기간이 길수록, 이자율이 높을수록 이자는 커집니다.

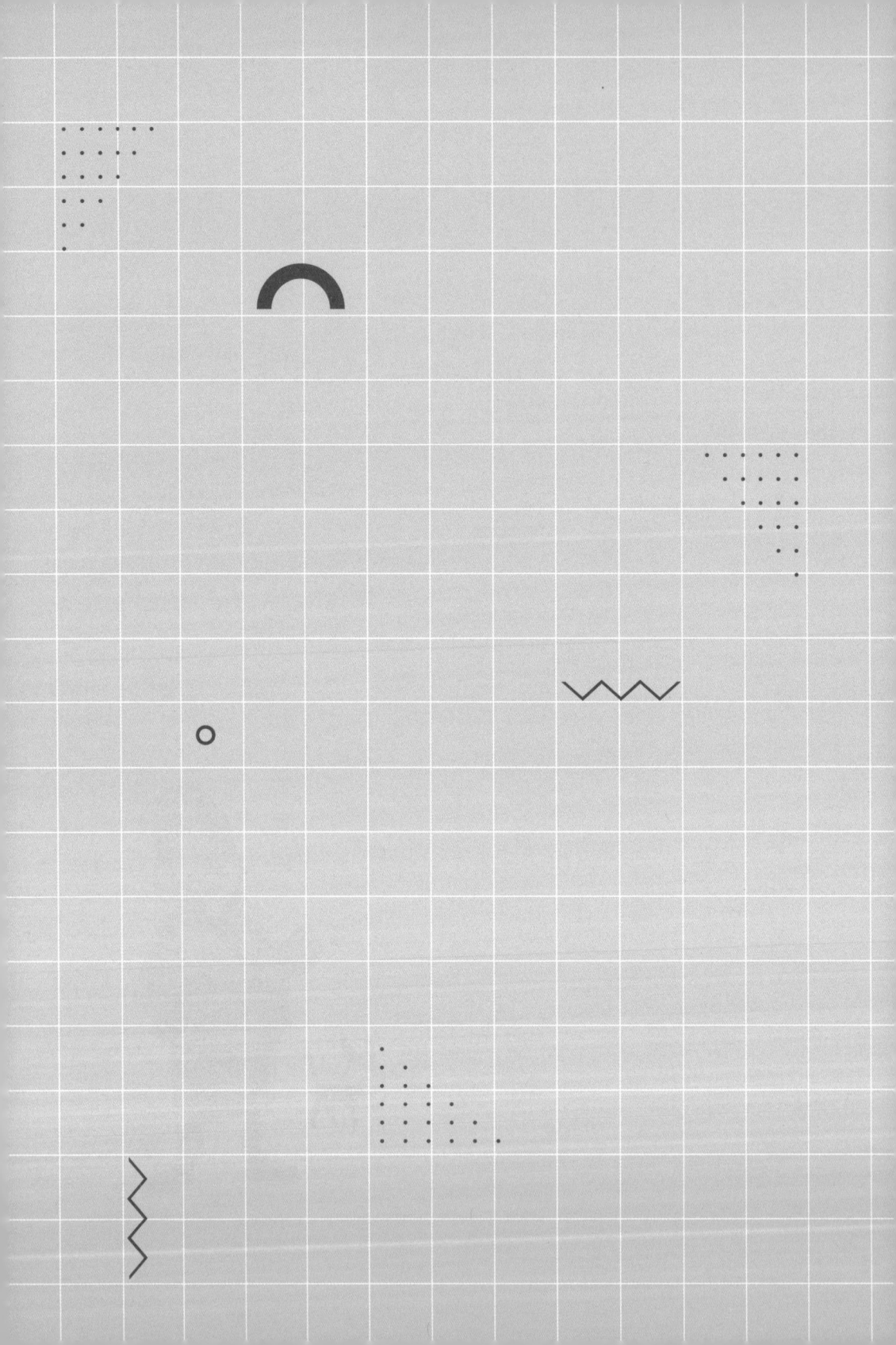

5교시

∑는 어떤 기호일까?

수열의 합을 간단하게 나타내는 방법은 무엇일까요?
시그마를 이용하여 수열의 합을 간단하게 나타내어 봅시다.

수업 목표

1. 시그마 Σ의 뜻을 알 수 있습니다.
2. 시그마를 이용해서 수열의 합을 나타낼 수 있습니다.

미리 알면 좋아요

1. **대입** 문자 대신에 수를 넣는 것을 대입이라고 합니다. 예를 들어, $3 \times x$에서 x에 7을 대입하면 3×7이 됩니다. 대입을 할 때 항(숫자나 문자의 곱으로 이루어진 것)이 2개 이상이면 괄호를 사용하여 대입합니다.

2. **홀수, 짝수** 1, 3, 5, ……명의 사람이 있으면 2명씩 짝을 지을 때 1명이 홀로 남게 됩니다. 이렇게 '하나가 홀로 남은 수'를 홀수라고 합니다. 그리고 2, 4, 6, ……명의 사람은 2명씩 짝을 지을 수 있으므로 '짝을 지을 수 있는 수'라는 뜻의 짝수입니다. 홀수 1, 3, 5, ……를 나타내는 일반항은 $(2 \times n - 1)$이고 짝수 2, 4, 6, ……을 나타내는 일반항은 $2 \times n$입니다.

3. **상수** 변하지 않고 항상 일정한 수를 뜻하는 것으로 변수와 대비되는 용어입니다. a_n에서 n은 변수로, 1이 되면 a_1이고 2가 되면 a_2가 되는 것처럼 변할 수 있습니다. 하지만 상수 5라고 하면 5는 변하지 않는 숫자 다섯을 나타냅니다.

가우스의 다섯 번째 수업

칠판에 적힌 수열의 합을 구해 볼까요?

2, 4, ……, 32

동호의 풀이

제1항이 2이고 공차가 2인 등차수열이므로 수열의 숫자를 나열합니다. '제n항 $32=2+2\times(n-1)$'이므로 항의 수 n은

16입니다. 따라서 사각형의 합이 34이고 16개 있으므로 등차수열 2, 4, ……, 32의 합을 구할 수 있습니다.

| 2 | 4 | …… | 32 |
| 32 | 30 | …… | 2 |

$$S_{16} = \frac{34 \times 16}{2} = 272$$

세경의 풀이

제1항이 2이고 공비가 2인 등비수열의 합을 구합니다. '제n항 $32 = 2 \times 2^{n-1}$'이고 $2^{n-1} = 16$이므로 항의 수 n은 5가 됩니다. 제5항까지의 합 S_5를 나타내는 식과 이 식에 공비 2를 곱한 식을 씁니다.

$2 \times S_5 = 4 + 8 + \cdots + 32 + 64$ ……… ②

$2 \times S_5 = 2 + 4 + \cdots + 32$ ……… ①

식 ②에서 식 ①을 빼면 등비수열 2, 4, ……, 32의 합을 구할 수 있습니다.

②−①=S_5=64−2=62

똑같은 수열인데 동호와 세경이의 답이 다르게 나왔죠? 이것은 이 수열의 중간에 생략된 표현만으로는 어떤 규칙이 맞는지 정확하게 알 수 없기 때문입니다. 그래서 지금부터는 수열을 나타낼 때 수열의 규칙을 알 수 있도록 a_n을 쓸 거예요.

우리가 수열을 나타낼 때 n번째 항을 a_n이라고 쓴다고 했죠? n은 자연수니까 자연수 1, 2, 3, ……을 대입할게요.

자연수 1을 대입하면 a_1이므로 제1항입니다.
자연수 2를 대입하면 a_2이므로 제2항입니다.
자연수 3을 대입하면 a_3이므로 제3항입니다.

이렇게 n에 자연수를 대입하면 어떤 항이든 나타낼 수 있기 때문에 a_n을 일반항이라고 해요. 첫 시간에 배운 1부터 100까지 나열하는 수열 1, 2, 3, 4, 5, ……, 99, 100을 일반항으로 나타낼 수 있어요. 우선 앞의 세 항을 봅시다.

제1항이 1이므로 $a_1 = 1$
제2항이 2이므로 $a_2 = 2$

제3항이 3이므로 $a_3=3$

a 옆의 작은 첨자가 항의 수를 나타내는데, 항의 수와 그 항이 나타내는 우변의 값이 같죠? 그럼 제n항도 똑같은 방법으로 $a_n=n$이라고 나타낼 수 있어요. 이렇게 일반항으로 나타냈을 때 n에 100을 대입해 봅시다.

$a_{100}=100$

좌변 a_{100}은 제100항이라는 것을 알려 주고 우변의 100은 제100항의 값이 100이라는 것을 알려 준답니다. 일반항만 있으면 항을 쉽게 구할 수 있겠죠? 그럼 일반항이 $a_n=2\times n-1$인 수열의 제10항을 구해 볼까요?

$n=10$을 대입하면 $a_{10}=2\times 10-1=20-1=19$가 됩니다. 즉, 일반항이 $a_n=2\times n-1$인 수열의 제10항은 19가 되는 것이죠. 또한 수열 $a_1, a_2, a_3, \cdots\cdots$은 일반항 a_n을 중괄호 안에 넣어서 간단하게 기호로 $\{a^n\}$이라고 나타냅니다.

"선생님, 그럼 일반항은 꼭 n만 써야 하나요?"

 자연수를 나타내는 문자로 n을 쓰긴 했지만 k를 쓰고 싶으면 $a_k=2\times k-1$이라고 써도 괜찮답니다. 그리고 일반항에 따라서는 $a_n=2$처럼 우변에 좌변의 첨자에 쓰인 문자 n이 쓰이지 않은 경우도 있어요.

 $a_n=2$인 수열의 n에 1을 대입하면 $a_1=2$고, n에 2를 대입하

면 $a_2=2$가 되죠? n에 어떤 자연수를 대입해도 항상 2가 나오니까 이 수열은 2, 2, 2, ……인 수열이랍니다.

그럼 처음 칠판에 적은 수열 2, 4, ……, 32를 일반항으로 나타내어 $a_n=2\times n$이라고 해 봅시다. 제3항을 $a_3=2\times3=6$이라고 할 수 있으니까, 수열 2, 4, 6, ……, 32는 제1항이 2이고 공차가 2인 등차수열이 제16항까지 나열된 것임을 알 수 있어요. 그럼 이 수열의 합은 $S_{16}=272$가 됩니다.

그런데 일반항 $a_n=2\times n$이 있으면 합을 다른 기호로 나타낼 수도 있답니다. 바로 기호 'Σ'예요. 이 기호는 시그마Sigma라고 읽는답니다. 그리스의 18번째 자모입니다. 영어에서 합을 Sum이라 한다고 했죠? 시그마도 합을 나타내는 그리스 문자랍니다. 우리가 제1항부터 제5항까지의 합을 S_5라고 나타냈지만, 시그마를 이용해서도 나타낼 수 있어요. 바로 $\sum_{n=1}^{5}a_n$이랍니다. $\sum_{n=1}^{5}a_n$은 수열 $\{a_n\}$에서 n에 1부터 자연수 순서대로 5까지 대입한 값을 더하는 것을 나타냅니다.

$$\sum_{n=1}^{5}a_n=a_1+a_2+a_3+a_4+a_5$$

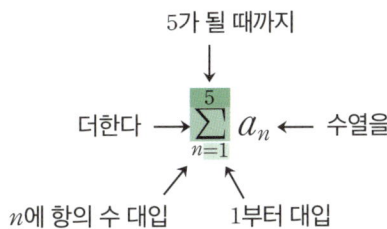

기호 $\sum$를 쓸 때 꼭 필요한 것이 있습니다. 기호 위와 아래에 $n=1$과 5가 있으면 제1항부터 제5항까지 더하는 것이죠? 이렇게 어느 항부터 어느 항까지의 합을 나타내야 하기 때문에 항의 수를 꼭 알아야 한답니다.

$\sum_{n=2}^{6}$라고 하면 $n=2$부터 $n=6$까지의 $a_2+a_3+a_4+a_5+a_6$과 같이 5개 항의 합을 나타냅니다. 그리고 어떤 수열을 더해야 하는지도 알아야 하므로 일반항 a_n도 알아야 해요.

자, 그럼 수열 2, 4, 6, 8, ……의 5번째 항부터 10번째 항까지의 합을 기호로 나타내 볼까요? 몇 항부터 몇 항까지인지는 알았으니까 시그마에 항의 수를 나타내면 $\sum_{n=5}^{10}$이 됩니다. 이제 일반항만 구하면 되겠죠? 이 수열을 하나씩 나열한 후, 식을 조금 변형해 보겠습니다.

$a_1=2$ 　　　$a_1=2\times 1$
$a_2=4$ 　→　$a_2=2\times 2$
$a_3=6$ 　　　$a_3=2\times 3$
$a_4=8$ 　　　$a_4=2\times 4$

변형하고 항을 보니 모든 항의 수에 2가 곱해져 있죠? 그러므로 n번째 일반항 a_n은 항의 수 n에 2를 곱해서 $a_n = 2 \times n$이 됩니다. 항의 수와 일반항까지 알았으니까 기호로 나타내기만 하면 되겠죠? 2, 4, 6, 8, ……의 5번째 항부터 10번째 항까지의 합은 $\sum_{n=5}^{10} 2 \times n$으로 나타낼 수 있습니다. $\sum_{n=5}^{10} 2 \times n$이니까 n이 5인 항부터 10인 항까지 더하면 되겠죠? 이것은 n에 5부터 6, 7, 8, 9, 10까지를 직접 넣어서 더하는 것과 같답니다.

n에 5를 넣으면 2×5

n에 6을 넣으면 2×6

n에 7을 넣으면 2×7

n에 8을 넣으면 2×8

n에 9를 넣으면 2×9

n에 10을 넣으면 2×10

➡ n에 숫자를 대입해서 나온 값을 모두 더합니다.

➡ $\sum_{n=5}^{10} 2 \times n = 2 \times 5 + 2 \times 6 + 2 \times 7 + 2 \times 8 + 2 \times 9 + 2 \times 10$
$= 90$

지금까지 합을 나타낼 때 기호 S를 사용했는데, Σ를 사용하는 데에는 이유가 있겠죠? S_{10}과 $\sum_{n=5}^{10} a_n$를 비교해 봅시다.

S_{10}은 제1항부터 제10항까지의 합이므로,
$S_{10} = a_1 + a_2 + a_3 + \cdots\cdots + a_{10}$입니다.

$\sum_{n=5}^{10} a_n$은 제5항부터 제10항까지의 합이므로,
$\sum_{n=5}^{10} a_n = a_5 + a_6 + a_7 + \cdots\cdots + a_{10}$입니다.

S_{10}에는 1항부터 4항까지의 합이 포함됐지만, $\sum_{n=5}^{10} a_n$은 들어가지 않죠? S는 꼭 첫째항부터 더하는 것을 나타내지만, 시그마는 시작하는 항과 끝나는 항의 이름을 시그마 기호의 위아래에 쓰기 때문에 첫째항부터 더하지 않는 경우도 있습니다.

우리 친구들이 선생님의 설명을 잘 들었는지 확인해 볼까요? $\sum_{n=3}^{5} 2$를 계산하면 합이 얼마일까요?

"제3항부터 제5항까지 3개의 항을 더하면 돼요. 그런데 일반항이 2인 거죠?"

맞아요. 일반항이 2이므로 $a_n = 2$랍니다. 그럼 이 수열은

2, 2, 2, 2, ……인 수열이니까 2를 3번 더해서 6이 됩니다. 즉, $\sum_{n=3}^{5} 2 = 2 \times 3$입니다. 이렇게 일반항이 상수일 때는 일반항에 더하려는 항의 수만큼 곱하면 답을 구할 수 있답니다.

수업 정리

❶ 기호 Σ는 수열의 합을 나타내는 기호로, 시그마라고 읽습니다. 예를 들어, $\sum\limits_{n=2}^{5} a_n$은 제2항부터 제5항까지의 수열의 합을 나타내는 것으로 $\sum\limits_{n=2}^{5} a_n = a_2 + a_3 + a_4 + a_5$입니다.

❷ 합을 Σ를 이용하여 나타낼 때는 어느 항부터 어느 항까지의 합인지, 어떤 수열을 더해야 하는지도 알아야 하므로 먼저 항의 수와 일반항 a_n을 알아야 합니다.

❸ Σ로 나타낸 합에서 일반항이 상수이면 합은 '일반항 $\times$ 항의 수'로 구할 수 있습니다.

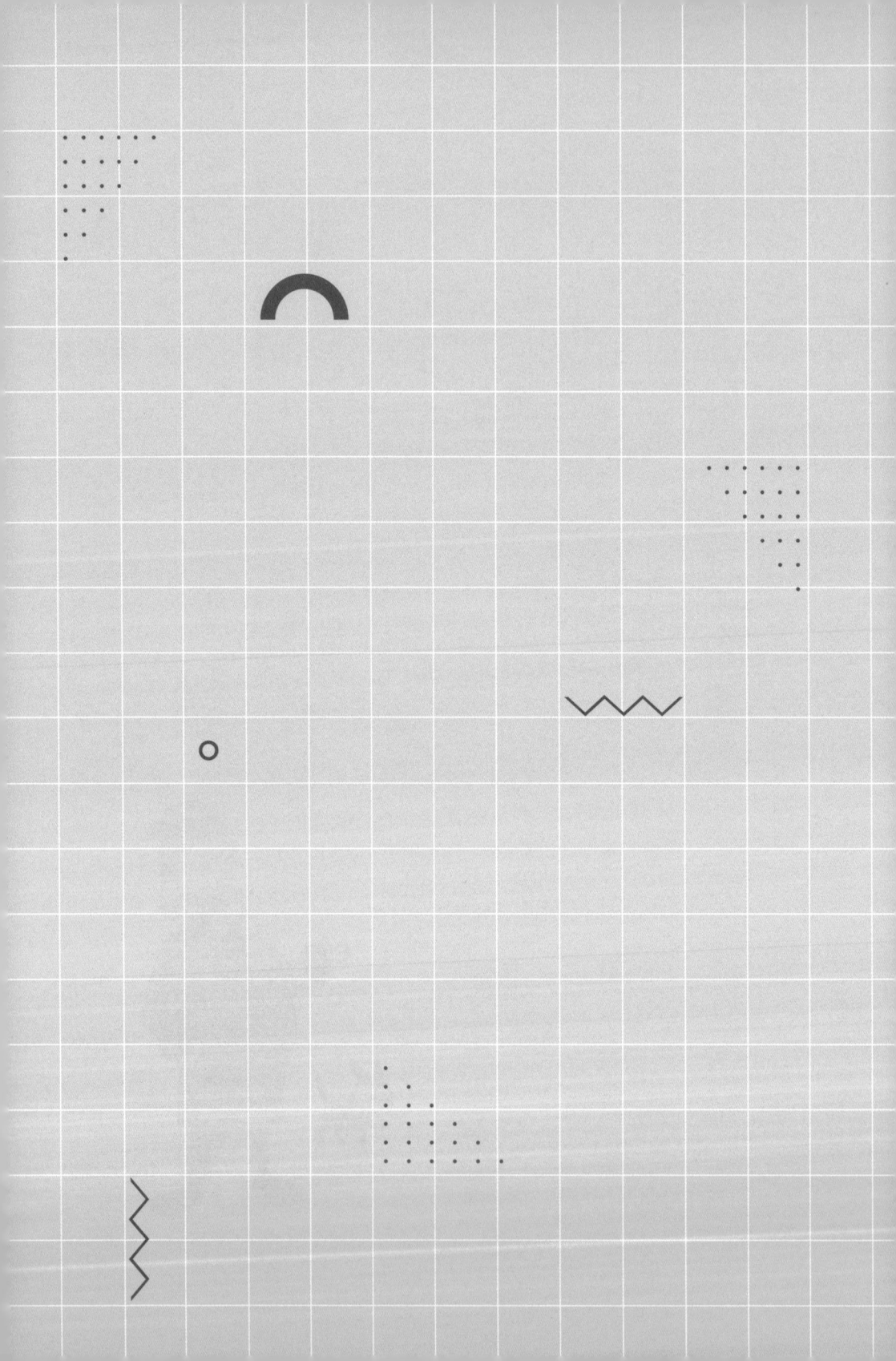

6교시

$\sum$를 사용하여 n의 거듭제곱과 짝수, 홀수의 합 구하기

많이 사용되는 수열의 합을 구하는 빠른 방법은 무엇일까요?
시그마를 이용해서 거듭제곱과 짝수, 홀수의 합을 구해 봅시다.

수업 목표

1. 자연수의 거듭제곱의 합을 구할 수 있습니다.
2. 짝수와 홀수 수열의 일반항과 합을 구할 수 있습니다.

미리 알면 좋아요

1. **직육면체** 마주 보는 면이 평행하면서 6개의 직사각형으로 이루어진 도형을 직육면체라고 합니다. 이때 직육면체의 부피는 '(가로)×(세로)×(높이)'로 구할 수 있습니다.

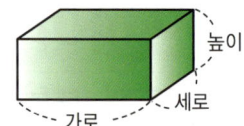

2. **분수** 피자 한 판을 3명이 나누어 먹을 때, 전체의 양을 1이라고 하면 한 사람이 먹는 양은 $1 \div 3 = \frac{1}{3}$이 됩니다. 이렇게 나누기를 분수로 표현한 $\frac{1}{3}$에서 위의 숫자 1을 분자라고 하고, 아래의 숫자 3을 분모라고 합니다.

3. **유리수의 계산** 정수의 분수꼴로 나타낸 $\frac{1}{3}$과 같은 수를 유리수라고 합니다. $1 \div 3 = \frac{1}{3}$과 $1 \times \frac{1}{3} = \frac{1}{3}$에서 나누기 3이나 곱하기 $\frac{1}{3}$이나 계산한 값이 같으므로, 유리수의 나눗셈 계산은 나누기를 곱하기로 바꾸고 뒤의 숫자를 역수로 바꿉니다. 3과 $\frac{1}{3}$을 곱해서 1이 나오는 수처럼 $\frac{2}{5}$의 역수는 $\frac{5}{2}$입니다.

가우스의 여섯 번째 수업

바둑돌을 나열할 때, 여덟 번째 바둑알의 개수는 몇 개인지 수열의 합으로 구해 볼게요.

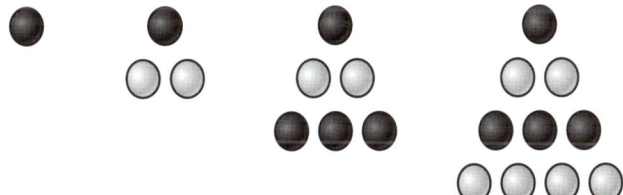

첫 번째 바둑알은 1개입니다. 두 번째 바둑알은 첫 번째 줄 1개와 두 번째 줄 2개의 바둑돌을 합쳐서 1+2 3개가 됩니다. 세 번째 바둑알은 세 번째 줄의 바둑돌 3개가 더 늘어났으니까 1+2+3 6개가 됩니다. 네 번째 바둑알은 1+2+3+4 10개예요. 바둑돌이 놓이는 규칙을 찾았나요?

여덟 번째 바둑알은 8개의 줄로 되어 있으면서 1개부터 하나씩 8개까지 늘어서 있는 것이므로 1+2+3+4+5+6+7+8이 됩니다. 그럼 등차수열 1, 2, 3, 4, 5, 6, 7, 8의 합을 구하면 되죠? 거꾸로 이 수열을 나열했을 때 합이 9이고 8개가 있으니까, 등차수열의 합을 이용하여 구하면 $\frac{9\times 8}{2}=36$이 됩니다.

같은 방법으로 n번째의 바둑알도 수열 1, 2, 3, 4, ……, n의 n항까지의 합으로 구하면 됩니다. 우선 이 수열을 거꾸로 써 보세요. 그럼 사각형 안의 합이 $(1+n)$이 되죠?

1은 숫자이고 n은 문자인데, 수학에서는 보통 문자를 앞에 쓴다는 규칙이 있답니다.《비에트가 들려주는 식의 계산 이야

기》를 참고하는 것도 좋을 것 같아요. 사각형 안의 합을 $(n+1)$ 이라고 바꾸어 쓸게요. 사각형의 개수는 1부터 n까지의 합이니까 항의 개수 n이 됩니다. 즉, 수열 1, 2, 3, 4, ……, n의 합은 $\dfrac{n \times (n+1)}{2}$ 이라는 것을 구할 수 있답니다.

배운 것을 쓸 수 있어야겠죠? 수열의 합 $\frac{n \times (n+1)}{2}$을 지난 시간에 배운 Σ를 이용하여 나타낼게요. 제1항부터 제n항까지의 합이므로 $\sum_{1}^{n}$이라고 씁니다. 일반항을 표시해야겠죠? 수열 1, 2, 3, 4, ……, n의 일반항은 n이라고 했으니까 $\sum_{n=1}^{n}$이라고 쓸 것 같지만, 조금 바꾸어야 바른 표현이 된답니다.

$\sum_{n=1}^{5} a_n$은 수열 a_n에서 n이 1부터 자연수 순서대로 5까지 5개 항의 합입니다.
$\sum_{n=1}^{5} a_n = a_1 + a_2 + a_3 + a_4 + a_5$

$\sum_{n=1}^{6} a_n$은 a_n에서 n이 1부터 자연수 순서대로 6까지 6개 항의 합입니다.
$\sum_{n=1}^{6} a_n = a_1 + a_2 + a_3 + a_4 + a_5 + a_6$

이렇게 몇 항부터 몇 항까지를 나타내는 숫자에 따라 합하는 항의 개수가 달라지기 때문에, 이것은 변하지 않는 숫자처럼 생각해야 한답니다. $\sum_{1}^{n}$에서 1과 n은 변하지 않는 상수처럼 생각하는 거예요.

하지만 1, 2, 3, 4, ……, n의 합을 $\sum_{n=1}^{n} n$으로 나타내면 일반항 n이 시그마의 위아래 숫자에 따라 1부터 n까지 변한다는 의미가 들어갑니다. 변하지 않는 상수라고 했는데 변하게 넣는다니 말이 되지 않잖아요. 그래서 변하지 않아야 하는 $\sum_{1}^{n}$은 그대로 두고 몇 항부터 몇 항까지 변한다는 표현인 'n'을 다른 문자로 쓴답니다. 아무 알파벳이나 써도 되지만 가장 많이 사용하는 것은 k로, $\sum_{k=1}^{n}$이라고 쓸게요. 그럼 k는 1부터 n까지 변한다는 뜻이에요. 이제 일반항도 써야겠죠?

$\sum_{k=1}^{n}$은 k가 1부터 n까지 변한다는 뜻이므로, 수열 1, 2, 3, 4, ……, n의 일반항은 n에 사용된 문자 n을 문자 k로 바꾸어 $\sum_{k=1}^{n} k$라고 씁니다.

$$\sum_{k=1}^{n} k$$
← 변수를 나타내므로 꼭 같은 문자를 쓴다.

이렇게 $\sum_{k=1}^{n} k$는 k가 변수로, 1부터 n까지 변한 k를 모두 더한다는 뜻이랍니다. k가 1부터 n까지 자연수 순서대로 변한 1, 2, 3, 4, ……, n을 더한 것이니까 시그마를 써서 나타내면, $\sum_{k=1}^{n} k = 1+2+3+4+……+n$이 됩니다.

가우스의 여섯 번째 수업

처음에는 시그마 기호도 몰랐지만, 이제는 1부터 n까지의 합도 기호를 써서 $\sum_{k=1}^{n} k$로 나타낼 수 있게 되었지요? n이나 k 같은 알파벳이나 $\sum$와 같은 기호를 써서 나타내는 것이 처음에는 어려울 수 있지만, 많이 응용해 보고 연습하면 곧 익숙해진답니다. 그러니까 익숙해지도록 수업 시간에 많이 보고 많이 계산해 보아요.

1부터 n까지의 합이 $\dfrac{n \times (n+1)}{2}$이 되니까 1부터 n까지의 합을 나타내는 기호 $\sum_{k=1}^{n} k$를 계산하면 $\dfrac{n \times (n+1)}{2}$이 된답니다. 많이 사용하는 것이니까 외워 두면 편리해요.

1부터 n까지의 자연수의 합

$$\sum_{k=1}^{n} k = \dfrac{n \times (n+1)}{2}$$

예를 들어 1부터 50까지의 합이면 이 식을 이용해서 $\sum_{k=1}^{50} k = \dfrac{50 \times (50+1)}{2}$라고 구할 수 있답니다.

똑같은 것을 여러 번 곱하는 것을 거듭제곱이라 한다고 했죠? 그럼 1부터 4까지 각 숫자를 2번 곱한 수열의 합을 구해 볼게요. 우선 제1항부터 제4항까지 나열해 봅시다.

$1^2, 2^2, 3^2, 4^2$

이 수열의 합을 Σ로 나타내어 보면 제1항부터 제4항까지이므로 $\sum_{1}^{4}$로 쓰면 되겠죠? 이 수열의 일반항은 n^2이므로 $\sum_{n=1}^{4} n^2$이 됩니다. 이제 이 수열의 합을 구해 볼게요. 이것은 부피가 1인 나무토막과 같습니다. 수열의 항을 이 나무토막으로 나타낼게요.

$1^2 = 1$이므로, 나무토막이 1개입니다.
$2^2 = 2 \times 2 = 4$이므로, 나무토막이 4개입니다.
$3^2 = 3 \times 3 = 9$이므로, 나무토막이 9개입니다.
$4^2 = 4 \times 4 = 16$이므로, 나무토막이 16개입니다.

수열의 항 $1^2, 2^2, 3^2, 4^2$을 뜻하는 나무토막 1, 4, 9, 16개의 합을 나타내도록 나무토막을 쌓아 볼게요.

첫 번째 항은 1^2이므로, 맨 윗줄에 1개를 놓습니다. 두 번째 항은 2^2이므로, 가로와 세로에 2개씩 4개를 두 번째 줄에 놓습니다. 세 번째 항은 3^2이므로, 가로와 세로에 3개씩 9개를 세 번째 줄에 놓습니다. 네 번째 항은 4^2이므로, 가로와 세로에 4개씩 16개를 네 번째 줄에 놓습니다.

나무토막의 부피$=1^2+2^2+3^2+4^2$

이 입체도형 3개를 합하면 다음과 같습니다.

3개를 합한 입체의 부피는 $(1^2+2^2+3^2+4^2)$의 3배이므로 $3\times(1^2+2^2+3^2+4^2)$이 됩니다. 맨 위의 볼록 나온 부분의 높

이를 반으로 잘라서 평행하게 놓으면 가로가 5, 세로가 4이고 높이가 $4\frac{1}{2}$인 직육면체가 됩니다.

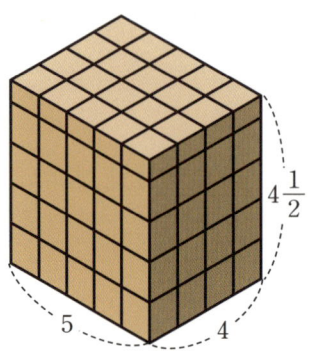

그럼 이 직육면체의 부피는 (가로)×(세로)×(높이)=$5 \times 4 \times 4\frac{1}{2}$이 되는 거죠? 3개를 합한 것을 평행하게 잘랐으니까 두 입체의 부피는 같아요.

$$3 \times (1^2+2^2+3^2+4^2) = 5 \times 4 \times 4\frac{1}{2} \quad \cdots\cdots\cdots ①$$

그럼 우리가 구하려고 한 수열의 합 ($1^2+2^2+3^2+4^2$)은 입체 3개를 합하기 전의 것이므로 ①의 부피를 3으로 나누면 된답니다.

$$1^2+2^2+3^2+4^2 = 5 \times 4 \times 4\frac{1}{2} \times \frac{1}{3}$$

우변의 식을 조금 변형해 봅시다. 우선 대분수 $4\frac{1}{2}$을 가분수로 바꾸어 $\frac{9}{2}$로 나타낼게요.

$$1^2+2^2+3^2+4^2=4\times 5\times \frac{9}{2}\times \frac{1}{3}$$

분모의 3과 2를 계산하면 6이므로 우리가 구하는 수열의 합 $1^2+2^2+3^2+4^2=\frac{4\times 5\times 9}{6}$이 됩니다. 분자의 숫자 $4\times 5\times 9$를 살펴봅시다.

4는 제4항을 나타내는 나무를 가로세로로 4개씩 놓아서 맨 마지막 입체도형의 세로 길이가 4가 된 것이랍니다. 5는 ($1^2+2^2+3^2+4^2$)인 나무토막을 3개 겹쳐 놓으면서 가로의 길이가 제4항의 가로 4에서 하나 늘어서 (4+1)이 된 것입니다. 9는 대분수 $4\frac{1}{2}$을 가분수로 바꾸어 $\frac{9}{2}$가 된 것이므로 $4\frac{1}{2}=\frac{2\times 4+1}{2}$이고 이때 4는 제4항을 나타냅니다.

이렇게 분자의 숫자 $4\times 5\times 9$를 마지막 항의 숫자 4가 들어가게 바꾸면 $\sum_{n=1}^{4}n^2=1^2+2^2+3^2+4^2=\frac{4\times (4+1)\times (2\times 4+1)}{6}$이 됩니다. 똑같은 방법으로 제$n$항까지의 제곱의 합도 구할 수 있답니다.

우선 제1항부터 제n항까지 나열해 봅시다.

$1^2, 2^2, 3^2, \cdots\cdots, n^2$

이 수열의 합을 나타내는 입체도형을 구하면 가장 아래층의 가로와 세로가 각각 n개씩이 되죠? 그럼 이 입체도형을 3개 붙인 후 평행하게 자르면 가로는 n, 세로는 $n+1$, 높이는 $n\frac{1}{2}$이 므로, 똑같은 방법으로 수열의 합 $1^2+2^2+3^2+\cdots\cdots+n^2$을 나타내는 부피는 $\frac{n\times(n+1)\times(2\times n+1)}{6}$이 됩니다.

수열의 합 $1^2+2^2+3^2+\cdots\cdots+n^2$도 시그마를 이용해서 간단하게 나타낼 수 있겠죠? 제1항부터 제n항까지의 합이므로 $\sum_{1}^{n}$로 쓰고, 이 수열의 일반항은 n^2인데 변수이므로 다른 문자 k로 바꾸어 나타내면 $\sum_{k=1}^{n} k^2$이 됩니다.

1부터 n까지 각각을 거듭제곱한 수의 합
$$\sum_{k=1}^{n} k^2 = 1^2+2^2+3^2+\cdots\cdots+n^2 = \frac{n\times(n+1)\times(2\times n+1)}{6}$$

1부터 n까지의 합이나 1부터 n까지 제곱한 값을 합한 것과 같이 세제곱한 수열의 합도 구할 수 있답니다. 신기하게도 세제곱한 수열 $1^3, 2^3, 3^3, \cdots\cdots, n^3$의 합 $(1^3+2^3+3^3+\cdots\cdots+n^3)$은 1부터 n까지의 합을 2번 곱한 것과 같습니다.

> **1부터 n까지 각각을 세제곱한 수의 합**
> $$\sum_{k=1}^{n} k^3 = 1^3+2^3+3^3+\cdots\cdots+n^3 = \left\{\frac{n\times(n+1)}{2}\right\}^2$$

예를 들어, 1부터 7까지 세제곱한 수열 $1^3, 2^3, 3^3, 4^3, 5^3, 6^3, 7^3$의 합은 $n=7$을 대입하면 $\sum_{k=1}^{7} k^3 = \left\{\frac{7\times(7+1)}{2}\right\}^2 = 28^2 = 28\times 28 = 784$가 됩니다.

짝수와 홀수의 합

2개씩 짝을 지을 수 있는 수를 짝수라고 했죠? 짝수는 2, 4, 6, 8, 10, ……과 같이 2로 나누어 나머지가 0이 되는 수를 말합니다. 이 수열의 일반항을 구해 볼게요.

제1항=2

제2항=4

제3항=6

제4항=8

제n항은 얼마일까요? 수열의 수를 보면 항의 수의 2배라는 것을 알 수 있습니다. 그러므로 제n항이 항의 수 n의 2배이므로 $2 \times n$이 됩니다. 제n항이 $2 \times n$이므로 짝수를 나타내는 수열 $2, 4, 6, 8, 10, \cdots\cdots$의 일반항은 $a_n = 2 \times n$이 됩니다.

이제 짝수의 합을 구해 봅시다. $\sum_{k=1}^{n} 2 \times k = 2+4+6+8+\cdots\cdots +2 \times n$은 $(1+2+3+4+\cdots\cdots +n)$의 2배와 같아요. $1+2+3+4+\cdots\cdots +n = \dfrac{n \times (n+1)}{2}$이니까 $\dfrac{n \times (n+1)}{2}$을 2배 하면 됩니다. 따라서 1부터 n까지 짝수의 합은 $\sum_{k=1}^{n} 2 \times k = n \times (n+1)$ 입니다.

이제 홀수의 수열 $1, 3, 5, 7, 9$의 합을 바둑알을 이용하여 구해 봅시다. 다음 장의 바둑알을 보면, 제1항이 1이므로 바둑알 1개, 제2항이 3이므로 바둑알 3개, 제3항이 5이므로 바둑알 5개, ……, 이렇게 가장자리에 항의 수만큼 바둑알을 놓는 방법으로 제5항까지 놓았어요.

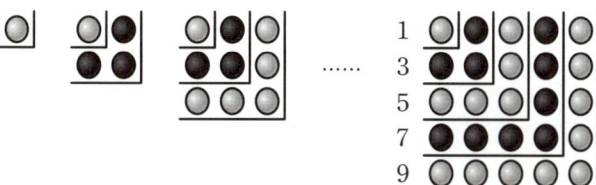

이렇게 제5항까지 바둑알을 놓으면 가로와 세로에 각각 5개씩 바둑알이 들어가므로 전체 바둑알의 수는 $1+3+5+7+9=5 \times 5=25$가 됩니다.

홀수의 수열 $1, 3, 5, 7, 9, \cdots\cdots$의 제$n$항까지의 합도 구해 볼까요? 짝을 짓지 못하고 하나 남는 수인 홀수는 짝수 $2, 4, 6, 8, 10, \cdots\cdots$에서 1을 뺀 $1, 3, 5, 7, 9, \cdots\cdots$와 같은 숫자입니다. 짝수에서 1을 빼므로 짝수의 일반항 $2 \times n$에서 1을 뺀 $(2 \times n - 1)$이 일반항이 된답니다.

제1항부터 제n항까지의 합을 Σ로 나타내면 $\sum_{k=1}^{n} 2 \times k - 1$입니다. 하지만 일반항을 그냥 쓰면 보는 사람에 따라 이 식을 일반항이 $2k$인 것의 합 $\sum_{k=1}^{n} 2 \times k$에서 1을 뺀 것이라고 생각할 수도 있기 때문에, 일반항에 더하기나 빼기가 들어가 있으면 일반항을 괄호 안에 써서 나타냅니다. 즉, 홀수의 수열 $1, 3, 5, 7, 9, \cdots\cdots$의 제$n$항까지의 합은 $\sum_{k=1}^{n}(2 \times k - 1)$이 됩니다.

1, 3, 5, 7, 9까지 5개 항의 합은 가로와 세로가 5개여서 $5 \times 5 = 25$가 되었지요? 마찬가지로 홀수 1, 3, 5, 7, 9, ……의 제n항까지의 합은 항의 수가 n개이므로 바둑알을 놓으면 가로와 세로가 각각 n개가 되니까 $\sum_{k=1}^{n}(2 \times k - 1) = n \times n = n^2$이 됩니다.

> **쏙쏙 이해하기**
>
> **1부터 n까지의 짝수와 홀수의 합**
>
> (1) 짝수의 합 : $\sum_{k=1}^{n} 2 \times k = n \times (n+1)$
>
> (2) 홀수의 합 : $\sum_{k=1}^{n}(2 \times k - 1) = n^2$

이렇게 1부터 n까지의 합, 제곱과 세제곱의 합이나 짝수와 홀수의 합을 구하는 것을 공식으로 기억하면 편리하게 사용할 수 있어요. 그러니까 우리 친구들도 꼭 기억해 주세요!

수업정리

❶ 1부터 n까지의 합은 $\sum_{k=1}^{n} k = \dfrac{n \times (n+1)}{2}$로 구할 수 있습니다.

❷ 1부터 n까지 제곱의 합은
$\sum_{k=1}^{n} k^2 = \dfrac{n \times (n+1) \times (2 \times n+1)}{6}$로 구할 수 있습니다.

❸ 1부터 n까지 세제곱의 합은 $\sum_{k=1}^{n} k^3 = \left\{ \dfrac{n \times (n+1)}{2} \right\}^2$으로 구할 수 있습니다.

❹ 짝수의 일반항은 $2 \times n$입니다. 이때 1부터 제n항까지의 짝수의 합은 $\sum_{k=1}^{n} 2 \times k = n \times (n+1)$로 구할 수 있습니다.

❺ 홀수의 일반항은 $(2 \times n - 1)$입니다. 이때 1부터 n항까지의 홀수의 합은 $\sum_{k=1}^{n} (2 \times k - 1) = n^2$으로 구할 수 있습니다.

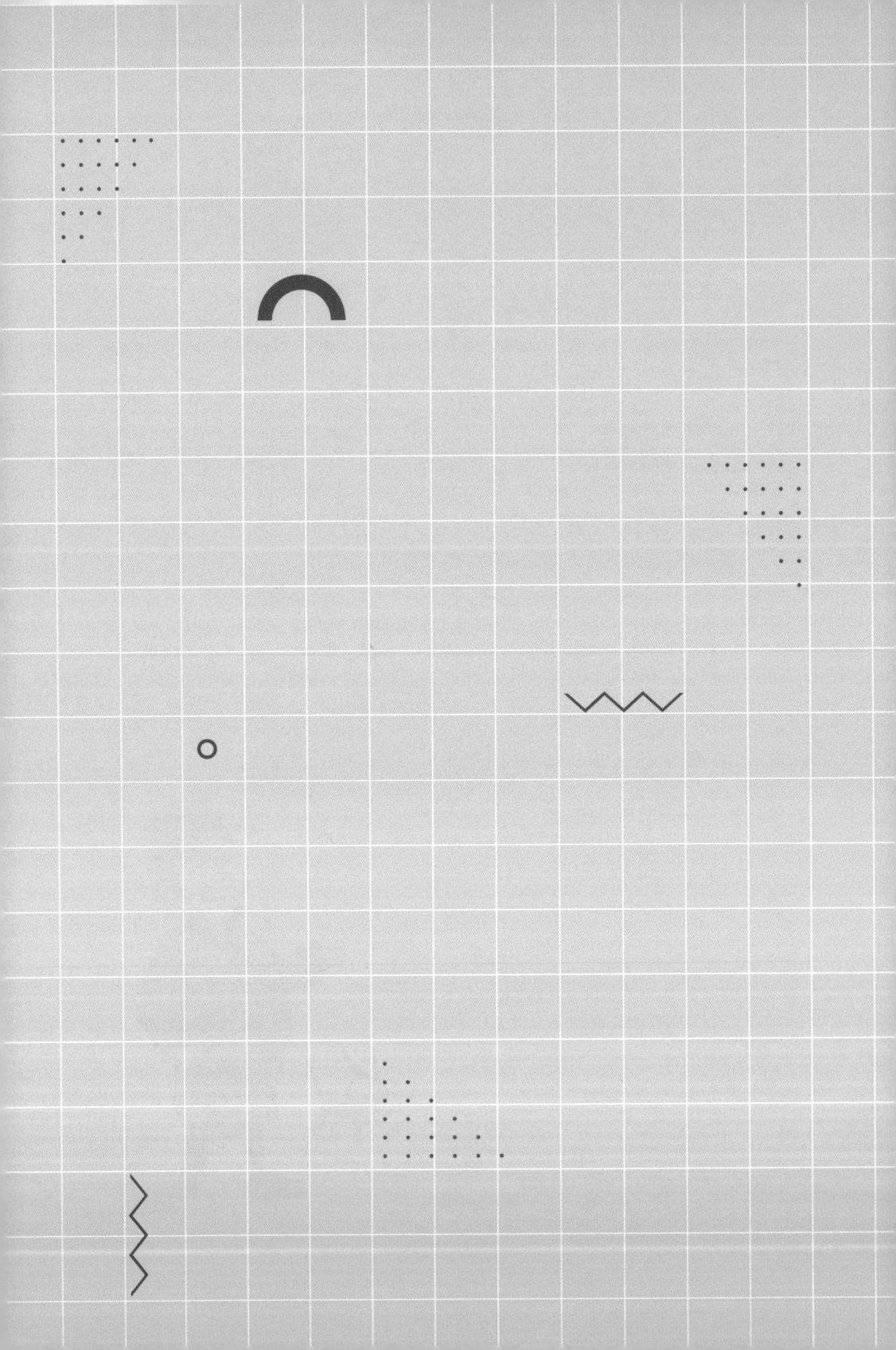

7교시

계차수열

계차수열은 무엇일까요?
주어진 수열의 계차수열을 구해 봅시다.

수업 목표

1. 계차수열의 뜻을 알 수 있습니다.
2. 계차수열의 합을 이용하여 주어진 수열의 일반항을 구할 수 있습니다.

미리 알면 좋아요

1. 문자를 사용하여 곱셈을 나타낼 때 수와 문자 사이의 곱셈 기호 ×를 생략할 수 있습니다. 그리고 문자와 수의 곱에서는 수를 문자 앞에 씁니다.

2. 다각형은 몇 개의 선분으로 둘러싸인 평면도형입니다. 다각형의 다각多角은 각이 많다는 뜻으로, 각이 3개, 4개, 5개, ……이면 삼각형, 사각형, 오각형, ……이라고 합니다. 일반적으로 n개의 선분으로 둘러싸인 다각형을 n각형이라고 합니다.

삼각형

사각형

오각형

가우스의 일곱 번째 수업

이곳은 두바이의 부르즈 할리파 빌딩이랍니다.

부르즈에 '탑'이라는 뜻이 있어서 두바이 타워라고 부르기도 하는 이 건물은 162층에 높이 828m로 세계에서 가장 높은 빌딩이에요. 이전에는 타이베이 101이 가장 높았지만, 2010년 1월 4일에 이 건물이 개장하면서 세계에서 가장 높은 빌딩이 되었어요.

　이 빌딩의 옥상에서 공을 바닥으로 떨어뜨려 봅시다. 처음에 손안에 있을 때는 정지되어 있지만, 아래로 떨어지면 점점 속력이 커지게 돼요. 뉴턴이 사과나무 밑에서 발견한 '중력' 때문에 점차 속력이 빨라지는 것입니다. 이것을 '자유 낙하 운동'이라고 해요.

　시간에 따라 이 공이 빌딩 옥상에서 얼마나 멀어지는지 알아볼게요.

1초 후에 공은 빌딩 옥상으로부터 5미터 아래에 있습니다.
2초 후에 공은 빌딩 옥상으로부터 20미터 아래에 있습니다.
3초 후에 공은 빌딩 옥상으로부터 45미터 아래에 있습니다.
4초 후에 공은 빌딩 옥상으로부터 80미터 아래에 있습니다.
5초 후에 공은 빌딩 옥상으로부터 125미터 아래에 있습니다.

시간에 따라 빌딩 옥상에서 떨어진 거리를 수열로 나타내면 5, 20, 45, 80, 125, ……랍니다. 그럼 6초 후에는 얼마나 떨어져 있을지 제6항을 구해 볼까요?

"이건 등차수열도 아니고 등비수열도 아니에요. 제6항을 구하지 못하겠어요."

이 수열은 등차·등비수열과는 다르게 신비로운 규칙이 숨어 있답니다. 이번 시간에 여러분이 해야 하는 것은 이 숨겨진 규칙을 찾아보는 거예요.

수열 5, 20, 45, 80, 125, ……에서 이웃하는 항을 가져와서 뒤 항에서 앞항을 빼 봅시다.

제2항 — 제1항 = 20 − 5 = 15

제3항 — 제2항 = 45 − 20 = 25

제4항 — 제3항 = 80 − 45 = 35

제5항 — 제4항 = 125 − 80 = 45

뒤항에서 앞항을 빼서 나온 숫자는 15, 25, 35, 45입니다.

이 숫자만 보면 공차가 10인 등차수열이죠? 제6항에서 제5항을 뺀 수는 55임을 알 수 있습니다. 이제 수열 5, 20, 45, 80, 125, ……의 제6항을 구해 볼까요?

제6항— 제5항＝55
제6항— 125＝55
제6항＝180

처음 수열 5, 20, 45, 80, 125, ……를 보고 규칙을 찾을 수 없었지만, 앞항을 뺀 수의 수열 15, 25, 35, 45에서는 규칙을 찾을 수 있습니다. 이렇게 이웃하는 항의 뒤항에서 앞항을 뺀 수열의 규칙을 찾을 수 있는 것을 계차수열이라고 합니다. 즉, 수열 15, 25, 35, 45는 5, 20, 45, 80, 125, ……의 계차수열입니다.

어떤 수열인지 구분하는 것은 간단하답니다.

우선, 여러분이 수열을 봤을 때 등차수열인지 등비수열인지부터 확인하세요. 만약 둘 다 아닐 경우는 항 사이에 얼마만큼 차이가 있는지 적어 보세요. 5, 20, 45, 80, 125, ……의 제1항과 제2항의 차이가 15죠? 그럼 두 항 사이에 그 차이를 적는 겁니다. 마찬가지로 제2항과 제3항 사이의 차이가 25면 두 항 사이에 25를 적는 거예요.

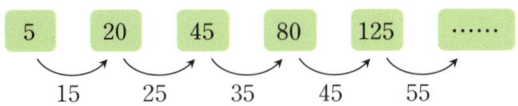

원래의 수열 아래에 적은 수열 15, 25, 35, 45를 보니, 제1항이 15이고 공차가 10이라는 규칙을 가지고 있죠? 그러면 수열 15, 25, 35, 45는 5, 20, 45, 80, 125, ……의 계차수열인 셈이죠. 이렇듯 계차수열의 규칙은 아래에 항의 차를 적은 수열에서 찾으면 된답니다.

우리가 평소에 쓰고 있는 수에는 이렇게 신비로운 사실이 많이 숨어 있답니다. 그래서 그리스의 수학자 피타고라스는 수를 만물의 근원이라고 생각하고 모든 것을 숫자와 연관하여 표현하는 것을 좋아했답니다. 우리도 피타고라스처럼 숫자를 다른 방법으로 표현해 볼까요?

1은 점 1개, 2는 숫자 1을 나타내는 점 밑에 점 2개를 더 찍어서, 숫자 3은 숫자 2를 나타내는 점 밑에 점 3개를 찍어서 나타냈습니다. 이를 반복하면 다음과 같이 나타납니다.

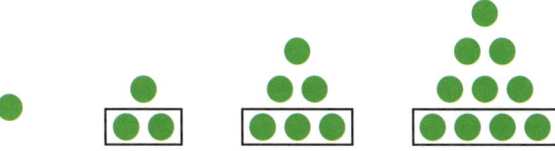

점들을 이으면 삼각형이 되기 때문에 이렇게 수를 나타내는 것을 삼각수라고 합니다. 삼각수에 들어 있는 점의 수를 수열로 나타내면 1, 3, 6, 10, ……입니다.

이 수열에서 늘어나는 점의 수를 살펴봅시다. 네 번째는 세 번째보다 점이 4개 더 있군요. 그러면 n번째는 그 전인 $(n-1)$번째보다 몇 개가 더 있을까요?

"제2항은 제1항보다 2개 더, 제3항은 제2항보다 3개 더, 제4항은 제3항보다 4개 더, 제n항은 제$(n-1)$항보다 n개 더 있습니다."

잘했습니다. 친구가 말한 것을 식으로 쓰고, 등차수열과 등비수열에서 제1항과 항의 수가 들어갔던 것처럼 위의 식을 조금 고쳐 보겠습니다.

제2항=제1항+2
제3항=제2항+3
제4항=제3항+4
⋮
제n항=제($n-1$)항+n

➡

제1항=1
제2항=1+2
제3항=1+2+3
제4항=1+2+3+4
⋮
제n항=1+2+3+4+……+n

수열 1, 3, 6, 10, ……의 항들을 보면 처음 부분에 이 수열의 제1항이 그대로 들어 있습니다. 그리고 제2항 뒤에 적힌 것은 계차수열의 항이에요. 처음 수열 1, 3, 6, 10, ……과 계차수열 2, 3, 4, ……를 구분하기 위해 이름을 붙일게요. 처음 수열의 이름을 a, 계차수열의 이름은 b로 할게요.

$\{a_n\} : a_1=1, a_2=3, a_3=6, a_4=10, ……$
$\{b_n\} : b_1=2, b_2=3, b_3=4, ……$

그럼 수열 $\{a_n\}$을 수열 $\{b_n\}$의 항이 들어가도록 다시 바꾸어 봅시다.

$a_1 = 1$

$a_2 = a_1 + b_1$

$a_3 = a_1 + b_1 + b_2$

$a_4 = a_1 + b_1 + b_2 + b_3$

이번에는 여러분이 수열 $\{a_n\}$의 제1항에서 신비로운 규칙을 찾아보겠어요?

"처음에는 수열 $\{a_n\}$의 제1항 a_1이 들어갔어요."

"그 뒤에 수열 $\{b_n\}$이 더해져 있어요."

맞아요. 뒤에 계차수열 $\{b_n\}$의 항이 들어가요. 그런데 a_2는 $\{b_n\}$의 제1항까지, a_3은 제2항까지의 합이, a_4에는 제3항까지의 합이 들어가니까 더해진 것에도 규칙이 있어요. 그럼 이 규칙은 무엇일까요?

"수열 $\{a_n\}$의 항의 수보다 하나 작은 항의 수까지 $\{b_n\}$의 항을 더해요."

그렇습니다. $\{a_n\}$의 항의 수가 n이므로 $\{b_n\}$은 n보다 하나 작은 제$(n-1)$항까지의 합이 들어갑니다. 따라서 수열 $\{a_n\}$을 수열 $\{b_n\}$을 사용하여 나타내면 다음과 같습니다.

$$a_n = a_1 + b_1 + b_2 + b_3 + \cdots\cdots + b_{n-1}$$

그런데 $b_1+b_2+b_3+\cdots\cdots+b_{n-1}$은 수열 $\{b_n\}$의 제1항부터 $(n-1)$항까지의 합이므로 수열 $\{b_n\}$의 합을 간단하게 시그마를 이용해서 나타내면 $\sum_{k=1}^{n-1} b_k$입니다. 즉, 계차수열 $\{b_n\}$을 이용해서 원래 주어진 수열 $\{a_n\}$의 일반항을 나타내면 다음과 같습니다.

계차수열 $\{b_n\}$을 이용한 $\{a_n\}$의 일반항
$$a_n = a_1 + \sum_{k=1}^{n-1} b_k$$

그럼 수열 $\{b_n\}$의 일반항을 구해서 써 볼까요? $b_1=2, b_2=3,$ $b_3=4, \cdots\cdots$이므로 제1항 2가 들어가도록 항을 바꾸어 봅시다.

$b_1=2, b_2=2+1, b_3=2+2, \cdots\cdots$를 보면 처음에는 제1항이 똑같이 들어가 있죠? 그리고 그 뒤의 제2항은 1이 더해졌고 제3항은 2가 더해졌으므로 항의 수보다 1 작은 수를 더했음을 알 수 있습니다.

그러므로 $\{b_n\}$의 일반항을 구하면 $b_n=2+(n-1)$입니다. 이것을 간단히 하면 $b_n=n+1$이 됩니다.

일반항을 구했으니까 $b_1+b_2+b_3+\cdots\cdots+b_{n-1}$을 시그마로 나타내 봅시다.

$\sum\limits_{1}^{n-1}$에 문자 n이 들어 있으므로 일반항 $b_n=n+1$을 다른 문자 k로 나타내면 $b_1+b_2+b_3+\cdots\cdots+b_{n-1}=\sum\limits_{k=1}^{n-1}(k+1)$이 됩니다.

삼각형 모양의 삼각수가 있었지요?

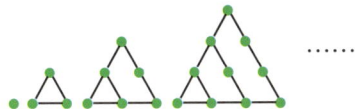

마찬가지로 사각형 모양으로 배열된 사각수, 오각형 모양으로 배열된 오각수 등도 있답니다. 이렇게 나타내는 것을 형상수라고 해요.

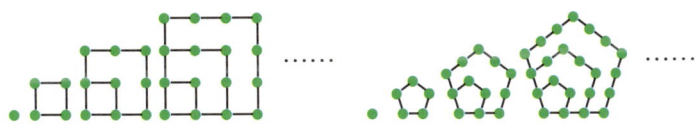

다른 형상수는 어떤 수열인지 볼까요? 지난 시간에 홀수의 합을 구하면서 그린 그림은 사각수랍니다.

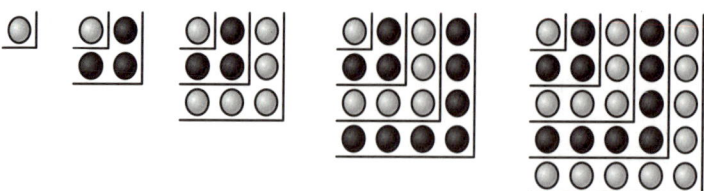

바둑알의 수를 수열로 나타내면 1, 4, 9, 25, ……이죠? 등차수열이나 등비수열이 아니니까 이웃하는 항의 차이를 구해 봅시다.

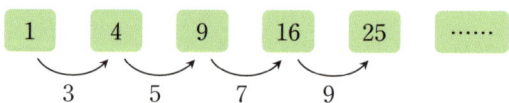

아래에 적은 수의 수열 3, 5, 7, 9, ……는 제1항이 3이고 공차가 2인 등차수열이므로 계차수열이랍니다.

처음 주어진 수열을 $\{a_n\}$, 계차수열을 $\{b_n\}$으로 해서 원래 수열의 값을 구할 수 있죠? 계차수열 3, 5, 7, 9, ……의 일반항을 구하면 $b_n = 3 + 2 \times (n-1) = 2n+1$이므로, 원래 수열의 일반항을 구하면 다음과 같습니다.

$$a_n = a_1 + \sum_{k=1}^{n-1} b_k = 1 + \sum_{k=1}^{n-1} (2k+1)$$

다음 그림을 봅시다. 무엇인지 알겠죠?

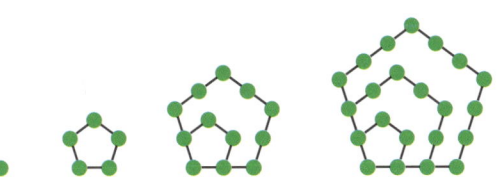

"네, 오각수예요."

맞아요. 오각수를 수열로 나타내면 1, 5, 12, 22, ……입니다. 그럼 계차수열은 무엇일까요?

"4, 7, 10, ……이니까 제1항이 4이고 공차가 3인 등차수열입니다."

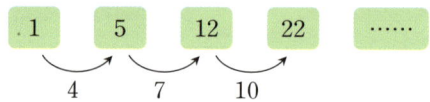

맞아요! 계차수열 4, 7, 10, ……의 일반항을 구하면 $b_n = 4 + 3 \times (n-1) = 3n + 1$이에요. 이제 원래 주어진 수열 a_n을 구하면 $a_n = a_1 + \sum_{k=1}^{n-1} b_k = 1 + \sum_{k=1}^{n-1}(3k+1)$이 됩니다.

수업정리

❶ 이웃하는 항의 뒤항에서 앞항을 뺀 수의 수열을 계차수열이라고 합니다. 예를 들어 2, 3, 5, 8, ……의 계차수열은 제1항이 1이고 공차가 1인 수열 1, 2, 3, ……입니다.

❷ 주어진 수열을 $\{a_n\}$이라고 하고 이 수열의 계차수열을 $\{b_n\}$이라고 하면, $\{b_n\}$을 이용해서 원래 주어진 수열 $\{a_n\}$의 일반항을 구할 수 있습니다.

$$a_n = a_1 + \sum_{k=1}^{n-1} b_k$$

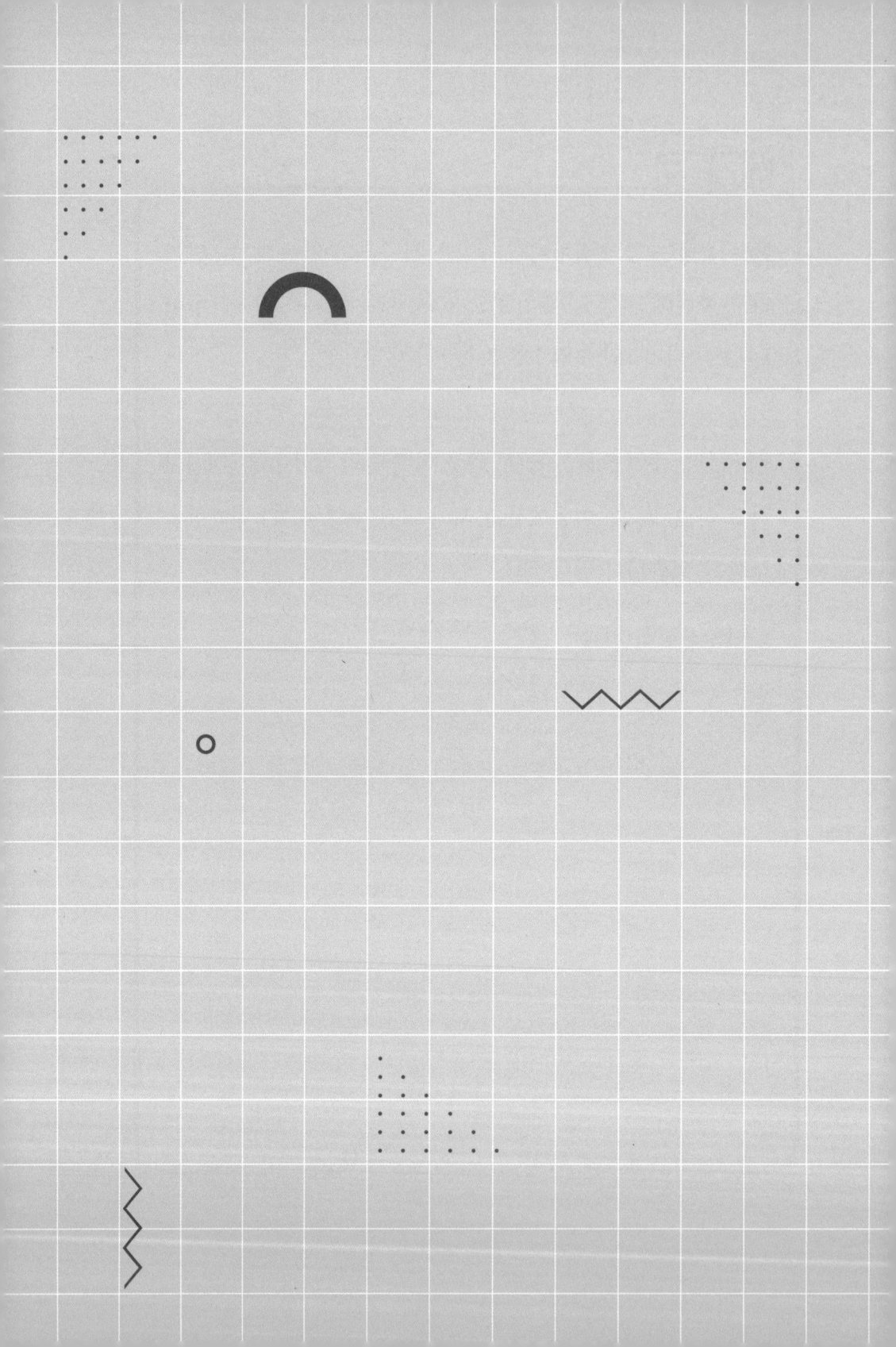

8교시

수열의 합 S_n으로 일반항 a_n 구하기

〉〉 수열의 합과 일반항은 어떤 관계가 있을까요?
〉〉 합으로 일반항도 구하고 어떤 수열인지도 알 수 있습니다.

수업 목표

1. 수열의 합과 일반항의 관계를 알 수 있습니다.
2. 일반항을 이용하여 어떤 수열인지 알 수 있습니다.

미리 알면 좋아요

1. **이상** 영화 포스터를 보면 '12세 이상 관람가'라는 말이 있습니다. '이상'은 일정한 한도의 위를 나타내는 것으로 12세 이상이라고 하면 12세부터 12보다 큰 수를 모두 포함합니다.

2. **분배법칙** $(a+b)(c+d)$와 같이 괄호에 항이 2개씩 있는 경우, 앞의 a를 뒤의 괄호에 분배하고 b도 뒤의 괄호에 분배합니다.

$$(a+b)(c+d)=ac+ad+bc+bd$$

3. 거듭제곱에서 2^0과 같이 0이 아닌 수를 0번 곱하면 항상 1이 나옵니다.

가우스의 여덟 번째 수업

S_n은 제1항부터 제n항까지의 합이죠?

여러분에게 수열이나 일반항이 주어지지 않아도 수열의 합 S_n만으로 수열을 구할 수 있답니다. 예를 들어, 수열의 합을 나타낸 식을 보죠.

$S_n = 2n + 2$ n은 1 이상의 자연수

가장 쉬운 방법은 n을 이용해서 수열의 항을 하나하나 직접 구하는 거예요. n이 1 이상의 자연수이므로 $n=1, 2, 3, \cdots\cdots$을 대입합니다.

$n=1$이면 $S_1=2\times 1+2=4$

$n=2$이면 $S_2=2\times 2+2=6$

$n=3$이면 $S_3=2\times 3+2=8$

S_1은 제1항까지의 합이고 S_2는 제2항까지의 합이므로, 이것을 항의 합으로 나타내어 볼게요.

$S_1=a_1=4$

$S_2=a_1+a_2=6$ ➡ $4+a_2=6$ ➡ $a_2=2$

$S_3=a_1+a_2+a_3=8$ ➡ $4+2+a_3=8$ ➡ $a_3=2$

이 수열은 제1항이 4이고 제2항과 제3항은 2입니다. 그럼 다음 항인 제4항도 같은 방법으로 구할 수 있겠죠? 즉, $n=4$이면 $S_4=2\times 4+2=10$이므로 $a_1+a_2+a_3+a_4=10$에서 제4항은

2입니다. 이렇게 제1항부터 제n항까지의 합이 $S_n=2n+2$인 수열을 직접 구하면 4, 2, 2, 2, ……가 됩니다.

"선생님, 그러면 이 수열은 등차수열도 아니고 등비수열도 아니네요. 제5항부터 다 구해 봐야 어떤 수열인지 정확하게 알 수 있지 않나요?"

수열을 제4항까지 구했지만 우리가 아는 등차수열이나 등비수열이 아니군요. 그리고 계차수열도 아닙니다. 그러므로 앞에서 배운 식으로 구할 수 없겠죠? 또한 무한히 계속되는 항의 50항, 100항까지 하나하나 다 구할 수도 없으니까 다른 방법을 사용해야 한답니다. 바로 합을 나타내는 식을 사용하는 거예요. S_n이 제1항부터 제n항까지의 합이라고 했죠? 이것을 식으로 나타내어 볼게요.

$$S_n = a_1 + a_2 + a_3 + \cdots\cdots + a_{n-1} + a_n \quad\cdots\cdots\cdots ①$$

수열의 규칙을 알려면 수열의 일반항을 알면 됩니다. 일반항은 제n항으로 나타내죠? 즉, a_n을 구해야 합니다. 위의 식에서 a_n을 구하려면 $a_1 + a_2 + a_3 + \cdots\cdots + a_{n-1}$이 없어야 됩니다. $a_1 + a_2 + a_3 + \cdots\cdots + a_{n-1}$은 제1항부터 제$(n-1)$항까지의 합이므로 식으로 나타내면 다음과 같습니다.

$$S_{n-1} = a_1 + a_2 + a_3 + \cdots\cdots + a_{n-1} \quad\cdots\cdots\cdots ②$$

여기서 꼭 기억해야 하는 것이 있어요. a_n은 n번째 항이고 a_{n-1}은 n번째 항의 앞항이랍니다. 그렇다면 $n=1$이면 a_n에 $n=1$을 대입하여 제1항이 나오지만, a_{n-1}은 $n=1$을 대입하면 $a_{1-1}=a_0$이 나와야 한답니다.

그런데 항의 가장 앞항은 제1항이고 그 앞에 제0항은 없잖아요? 즉, $n=1$일 때는 ②번의 식을 사용할 수 없답니다. 그래서 우리가 ①과 ②를 이용해서 구할 식은 n이 2 이상의 자연수일 때만 사용할 수 있습니다.

그럼 n이 2 이상일 때 ①과 ②를 이용해서 일반항 a_n을 구해 봅시다. ①번 식에서 ②번 식을 빼요.

$$\begin{array}{r}S_n = \cancel{a_1}+\cancel{a_2}+\cancel{a_3}+\cdots\cdots+\cancel{a_{n-1}}+a_n \\ -) S_{n-1} = \cancel{a_1}+\cancel{a_2}+\cancel{a_3}+\cdots\cdots+\cancel{a_{n-1}} \\ \hline S_n - S_{n-1} = a_n \end{array}$$

우리가 구해야 하는 일반항 a_n은 제n항까지의 합 S_n에서 제$(n-1)$항까지의 합 S_{n-1}을 빼서 구할 수 있습니다. 단, 이때 일반항은 n이 2 이상일 때만 성립하는 것이랍니다.

그래서 $n=1$일 때, 즉 제1항은 제1항까지의 합 S_1을 이용해서 구합니다.

> 수열의 합 S_n으로 일반항 a_n 구하는 방법
> $a_1=S_1, a_n=S_n-S_{n-1}\ (n≥2)$

이제 $S_n=2n+2$(n은 1 이상의 자연수)의 일반항을 구할 수 있겠네요. a_n을 구하려면 S_n과 S_{n-1}이 있어야 하는데 $S_n=2n+2$라고 주어졌군요. 그럼 S_{n-1}만 구하면 되겠네요.

S_n과 S_{n-1}을 보면 아래첨자만 다르죠? S_{n-1}에는 n 대신 $(n-1)$이 들어 있는 것이랍니다. 그러니까 $S_n=2n+2$에서 n 대신 $(n-1)$을 대입하면 S_{n-1}을 구할 수 있죠.

$$S_{n-1}=2(n-1)+2$$

n 대신 $n-1$ 대입

S_{n-1}을 계산하면 $S_{n-1}=2(n-1)+2=2n-2+2=2n$이므로 이제 일반항 a_n만 구하면 됩니다.

$$a_n = S_n - S_{n-1} = 2n + 2 - 2n = 2$$

그럼 제2항부터 일반항을 구하면 항상 $a_n=2$가 돼요. n에 모든 자연수를 대입해 보면서 확인할 필요가 없어요. 이렇게 일반항을 구하면 이 수열은 제1항은 4이고 제2항부터는 값이 모두 2로 같은 수열, 즉 공차가 0인 수열이 됩니다. 물론 제2항부터는 등차수열이지만, 제1항부터 보면 등차수열이 되지 않으니까 등차수열이라고 할 수 없지만요.

이렇게 S_n이 주어지면 일반항을 구할 수 있어요. $S_n = 2n+2$의 경우는 제2항부터만 규칙이 있어서 등차수열이나 등비수열이라고 할 수 없습니다. 하지만 제1항에서 규칙을 찾으면 바로 어떤 수열인지 알 수 있는 경우도 있답니다.

$S_n = n^2 + 6n$인 수열은 어떤 수열일까요?

우선 제1항부터 구해 봅시다. 제1항은 S_1으로 구하면 되므로 $a_1 = S_1 = 1^2 + 6 \times 1 = 1 + 6 = 7$이 됩니다. 제2항부터의 규칙은 일반항을 찾아서 해결합시다. 일반항 $a_n = S_n - S_{n-1}$이니까 $(n-1)$항까지의 합 S_{n-1}을 구해야겠죠?

S_n의 n 대신 $(n-1)$을 대입합시다.

$S_{n-1} = (n-1)^2 + 6(n-1) = n^2 + 4n - 5$

이제 일반항을 구해 봅시다.

$a_n = S_n - S_{n-1} = (n^2 + 6n) - (n^2 + 4n - 5) = 2n + 5$

n이 2 이상일 때, 일반항은 $a_n = 2n + 5$입니다. 그럼 지금까지 구한 것을 정리해 봅시다.

$a_1 = 7, a_n = 2n + 5 \ (n \geq 2)$

그런데 일반항 $a_n = 2n + 5$에 $n = 1$을 대입하면 $a_1 = 2 \times 1 + 5 = 7$이 되므로, S_1로 구한 제1항이나 일반항 a_n으로 구한 제1항은 똑같이 7이 나와요.

이럴 경우는 제1항과 제2항부터 구한 일반항을 따로 쓸 필요가 없어요. 제1항도 일반항 $a_n = 2n + 5$로 구할 수 있으니까 같이 써도 된답니다.

$S_n = n^2 + 6n$인 수열의 일반항 : $a_n = 2n + 5 (n \geq 1)$

자, 또 다른 문제 나갑니다. 일반항이 $a_n = 2n + 5(n \geq 1)$인 수열은 어떤 수열일까요?

$a_1 = 7$
$a_2 = 2 \times 2 + 5 = 9$
$a_3 = 2 \times 3 + 5 = 11$
$a_4 = 2 \times 4 + 5 = 13$

7, 9, 11, 13, ……인 수열이니까 제1항이 7이고 공차가 2인 등차수열이라는 것을 알 수 있습니다.

우리 친구들이 $S_{n-1} = (n-1)^2 + 6(n-1) = n^2 + 4n - 5$를 구할 때 조금 어려웠을 것 같아요. S_{n-1}을 구할 때 분배법칙 $(a+b)(c+d) = ac + ad + bc + bd$로 항을 간단하게 만드는 것을 이용했거든요. $6n - 2n = 4n$과 같은 문자를 가진 경우 $6n$

은 n이 6개이고 $2n$은 n이 2개이므로, 6개 있는 것에서 2개 있는 것을 빼서 4개가 되어 $4n$이 된다는 것이죠.

이번에는 거듭제곱으로 쓰인 합이 주어졌을 때 일반항을 구해 봅시다. 수열의 합에 거듭제곱이 들어간 $S_n = 5^n - 1$도 일반항을 구할 때는 같은 방법을 적용합니다. 우선 제1항부터 구해요.

$$a_1 = S_1 = 5^1 - 1 = 5 - 1 = 4$$

이제, 일반항을 구합시다. $S_n = 5^n - 1$이니까 S_{n-1}은 S_n의 n 대신 $(n-1)$을 대입해서 $S_{n-1} = 5^{n-1} - 1$이 됩니다.

$$a_n = S_n - S_{n-1} = (5^n - 1) - (5^{n-1} - 1) = 5^n - 5^{n-1}$$

5^n은 5를 n번 곱한 것이고 5^{n-1}은 5를 $(n-1)$번 곱한 것이니까, 공통으로 곱한 것은 $(n-1)$번이므로 분배법칙을 이용해서 식을 다음과 같이 바꿀 수 있습니다.

$$5^n - 5^{n-1} = \underbrace{5 \times \cdots \times 5}_{(n-1)\text{번}} \times 5 - \underbrace{5 \times \cdots \times 5}_{(n-1)\text{번}} = \underbrace{5 \times \cdots \times 5}_{(n-1)\text{번}} \times (5-1) = 5^{n-1} \times 4$$

$$a_n = 4 \times 5^{n-1} (n \geq 2)$$

이 식에 제1항이 성립하는지 확인해야겠죠? $a_n = 4 \times 5^{n-1}$에 $n=1$을 대입하면 $a_1 = 4 \times 5^{1-1} = 4 \times 5^0 = 4 \times 1 = 4$이므로 $a_1 = S_1 = 4$와 같답니다.

$S_n = 5^n - 1$의 일반항 : $a_n = 4 \times 5^{n-1} (n \geq 1)$

이 수열이 어떤 수열인지 직접 구해 볼까요?

$a_1 = 4$
$a_2 = 4 \times 5^{2-1} = 4 \times 5^1 = 4 \times 5 = 20$
$a_3 = 4 \times 5^{3-1} = 4 \times 5^2 = 4 \times 25 = 100$
$a_4 = 4 \times 5^{4-1} = 4 \times 5^3 = 4 \times 125 = 500$

4, 20, 100, 500, ……인 수열이므로 제1항이 4이고 공비가 5인 등비수열이 됩니다.

등차수열과 등비수열의 공차, 공비 구하기

일반항 a_n에 직접 $n=1, 2, 3, \cdots\cdots$을 대입하여 각 항을 구해서 등차수열인지 등비수열인지 알아내는 것 외에 다른 방법도 있답니다. 바로 공차와 공비를 구하는 거예요.

$S_n=n^2+6n$인 수열의 일반항 $a_n=2n+5(n\geq1)$에서 공차를 구하려면 두 항 사이의 차이를 구하면 됩니다. n번째 항 a_n을 아니까 이것과 이웃하는 항 a_{n-1}과의 차이를 구하면 돼요. S_{n-1}을 구할 때 S_n의 n 대신 $(n-1)$을 대입했듯이 a_{n-1}은 a_n에 n 대신 $(n-1)$을 대입하면 됩니다.

$$a_{n-1}=2(n-1)+5=2n-2+5=2n+3$$

공차는 두 항의 차이므로 뒤항 a_n에서 앞항 a_{n-1}을 빼 봅시다.

$$\begin{array}{r} a_n=2\!\!\!/\,n+5 \\ -)\ \ a_{n-1}=2\!\!\!/\,n+3 \\ \hline 공차=5-3=2 \end{array}$$

이렇게 등차수열의 공차는 (a_n-a_{n-1})로 구할 수 있답니다.

등차수열 $\{a_n\}$의 공차
공차 $= a_n - a_{n-1}$

"선생님은 수열의 합 S_n과 일반항 a_n만 보고 등차수열인지 알 수 있나요?"

가우스의 여덟 번째 수업

여러분을 위해 선생님만의 구별법을 알려 줄게요. $S_n = n^2 + 6n$과 같이 n이 이차인 항과 n이 일차인 항의 합 또는 차로 이루어져 있으면 항상 등차수열이랍니다. n이 이차인 항만 있어도 등차수열이고요.

그럼 거듭제곱으로 된 수열의 공비도 구해 볼까요?

$S_n = 5^n - 1$인 수열의 일반항 $a_n = 4 \times 5^{n-1} (n \geq 1)$

공비는 수열에서 일정하게 곱하는 수이므로 a_{n-1}에 공비를 곱하면 다음 항 a_n이 된다는 것을 이용합니다. $a_{n-1} = 4 \times 5^{n-2}$에 공비를 곱하면 $a_n = 4 \times 5^{n-1}$이 됩니다. a_n과 a_{n-1}을 비교하면 5의 지수만 변했죠?

이것을 각각 풀어 써 보면 $5^{n-2} = 5^n \times 5^{-2} = 5^n \times \frac{1}{5^2}$, $5^{n-1} = 5^n \times 5^{-1} = 5^n \times \frac{1}{5}$이 됩니다. 비교해 보면 $5^{n-2} \times 5 = 5^{n-1}$이지요. 즉, 5^{n-2}에 공비 5가 한 번 더 곱해진 거랍니다.

이렇게 거듭제곱으로 이루어진 식은 등비수열인 경우도 있지만 아닌 경우도 있기 때문에 등차수열과 같은 구분법이 없어요.

수열 안에 참 많은 내용이 숨겨져 있죠? 서로 다르게 보이지만 수열과 일반항, 수열의 합, 등차수열과 등비수열이 모두 연결되어 있어요.

이제, 수열의 신비한 사실이 하나 남았답니다. 다음 시간에 마지막 남은 신비한 사실이 무엇인지 알아보도록 해요.

수업정리

❶ 제1항부터 제n항까지의 합 S_n으로 일반항 a_n을 구할 때는 제1항과 제2항 이상의 일반항을 따로 구해야 합니다.
$a_1 = S_1, a_n = S_n - S_{n-1} (n \geq 2)$
이때 S_1으로 구한 제1항과 a_n으로 구한 제1항이 같은 경우에 $a_n = S_n - S_{n-1} (n \geq 1)$이라고 쓸 수도 있습니다.

❷ n의 이차항과 일차항으로 이루어진 S_n이 주어진 경우 공차는 $(a_n - a_{n-1})$로 구할 수 있고, 거듭제곱으로 주어진 S_n에서 공비는 $a_{n-1} \times$ 공비 $= a_n$로 구할 수 있습니다.

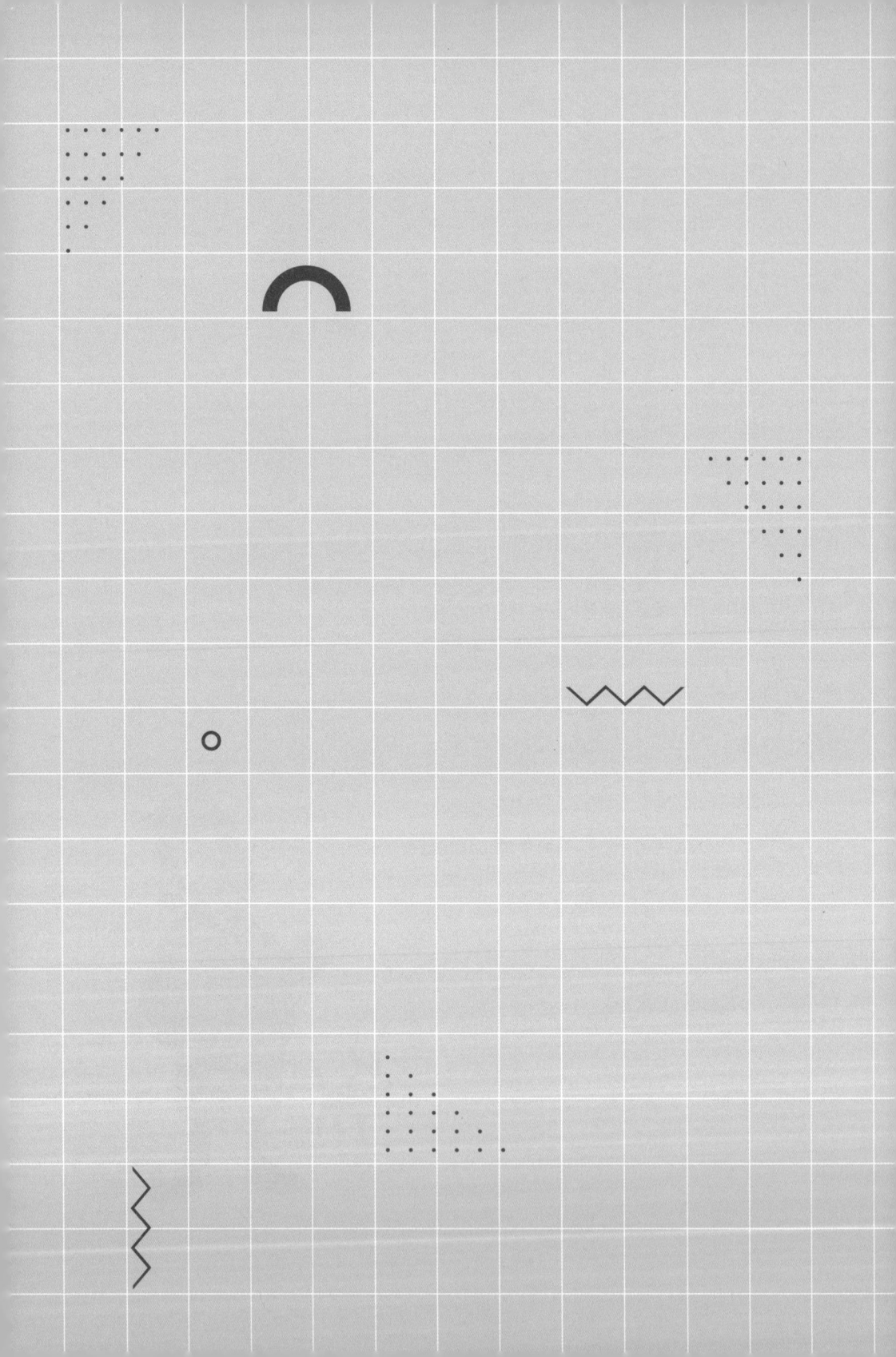

9교시

여러 가지 수열

특이한 규칙을 가진 수열을 찾아볼까요?
다양한 형태의 수열을 알아봅시다.

수업 목표

1. 군수열의 뜻과 항, 합을 구할 수 있습니다.
2. 분수로 주어진 수열의 합을 구할 수 있습니다.

미리 알면 좋아요

1. **번분수** 분수의 분모와 분자 중 어느 것인가가 복잡한 분수인 것을 번분수라고 합니다. 예를 들어 $\dfrac{1}{\frac{3}{10}}, \dfrac{\frac{5}{7}}{8}, \dfrac{\frac{2}{9}}{\frac{3}{5}}, \cdots\cdots$ 등을 말합니다.

나누기를 곱하기로 바꾸어 $4 \div 3 = 4 \times \dfrac{1}{3}$이라고 하듯이, 번분수 $\dfrac{\frac{a}{b}}{\frac{c}{d}}$는 분모의 $\dfrac{c}{d}$를 나누기로 바꾸어 $\dfrac{a}{b} \div \dfrac{c}{d}$, 나누기는 곱하기로 바꾸어 $\dfrac{a}{b} \times \dfrac{d}{c}$로 계산할 수 있습니다.

2. **통분** 분수의 분모를 같게 만드는 것입니다. 분모가 다른 두 분수 $\dfrac{2}{3}, \dfrac{1}{5}$을 통분할 경우 분모를 똑같은 15로 만들 때 $\dfrac{2}{3}$의 분모가 15가 되기 위해서는 분모에 5를 곱해야 합니다. 그러므로 분자도 똑같이 5를 곱하여 $\dfrac{2}{3} \times \dfrac{5}{5} = \dfrac{10}{15}$으로 바꾸고, $\dfrac{1}{5}$도 분모와 분자에 3을 곱하여 $\dfrac{1}{5} \times \dfrac{3}{3} = \dfrac{3}{15}$으로 고칩니다.

가우스의
아홉 번째 수업

아래 수열을 보세요.

$1, \dfrac{1}{2}, \dfrac{2}{2}, \dfrac{1}{3}, \dfrac{2}{3}, \dfrac{3}{3}, \dfrac{1}{4}, \dfrac{2}{4}, \dfrac{3}{4}, \dfrac{4}{4}, \cdots\cdots$

등차수열과 등비수열은 제1항부터 규칙을 찾을 수 있는 수열입니다. 수열의 항의 차이를 적은 계차수열도 수열의 제1항부터 규칙을 찾을 수 있어요. 하지만 이 수열은 제1항부터 규칙을 찾을 수 없는 수열입니다. 이 수열의 제100항까지의 합을 구하려면 어떻게 해야 할까요? 수열 속에 숨은 규칙을 찾아야겠죠?

이런 수열은 공통점을 가진 것끼리 묶어서 생각합시다.

분모가 1인 수열 : 1

분모가 2인 수열 : $\frac{1}{2}, \frac{2}{2}$

분모가 3인 수열 : $\frac{1}{3}, \frac{2}{3}, \frac{3}{3}$

분모가 4인 수열 : $\frac{1}{4}, \frac{2}{4}, \frac{3}{4}, \frac{4}{4}$

그러면 그다음 항들은 분모가 5인 수열이겠죠? 다음 항을 구하기 위해, 수열을 나누어 묶은 것에서 규칙을 찾아봅시다. 우선 분모가 같은 수열의 분자를 볼게요. 분모가 3인 수열의 분자는 항이 1, 2, 3까지 있고 분모가 4인 수열은 1, 2, 3, 4까지 있습니다. 즉, 분자는 1부터 1씩 커지다가 분모와 같아지는 순간 멈추게 됩니다. 분모가 5인 수열은 1부터 분모의 숫자 5까지 있으므로 분모가 5인 수열을 모으면 다음과 같습니다.

분모가 5인 수열 : $\frac{1}{5}, \frac{2}{5}, \frac{3}{5}, \frac{4}{5}, \frac{5}{5}$

이렇게 제1항부터 규칙이 발견되지 않지만 특정한 그룹끼리 묶었을 때 새로운 규칙을 찾을 수 있는 수열을 군수열이라고 합니다. 그래서 첫 번째 그룹을 제1군, 두 번째 그룹을 제2군이라고 해요. 분모가 5인 수열의 그룹은 다섯 번째로 묶였으니까 제5군이 된답니다.

예를 들어, 이 수열에서 $\frac{15}{26}$이라는 항의 분모를 보면 26인 수열의 묶음에 속한다는 것을 알 수 있습니다. 그리고 분자가 15니까 이 묶음의 열다섯 번째 숫자일 거예요. 그러면 $\frac{15}{26}$는 수열에서 몇 번째 항일까요? 그것을 알려면 그 이전 군들의 수열이 모두 몇 개인지 알아야 합니다.

제1군, 제2군, 제3군, ……, 제n군, ……, 제26군

(1) $\left(\frac{1}{2}, \frac{2}{2}\right)\left(\frac{1}{3}, \frac{2}{3}, \frac{3}{3}\right)\cdots\left(\frac{1}{n}, \frac{2}{n}, \cdots, \frac{n}{n}\right)\cdots\left(\frac{1}{26}, \frac{2}{26}, \cdots, \frac{26}{26}\right)$

군으로 모은 수열을 보면 제1군에는 수열 1개가, 제2군에는 수열 2개가 있어요.

군의 순서와 그 안에 들어 있는 수열의 개수는 같습니다. 그러면 제25군까지 모든 수열의 개수를 구하면 1부터 25까지 모두 더하는 것이죠? 즉, 제25군까지의 모든 수열의 개수의 합은 $1+2+3+4+5+\cdots+24+25$입니다.

1부터 n까지의 합이 $\sum_{k=1}^{n}k=\frac{n\times(n+1)}{2}$이니까 제25군까지의 수열의 개수를 구하면 $\sum_{k=1}^{25}k=\frac{25\times(25+1)}{2}=325$가 됩니다.

$\dfrac{15}{26}$는 제26군의 열다섯 번째 항이므로 수열 $1, \dfrac{1}{2}, \dfrac{2}{2}, \dfrac{1}{3}, \dfrac{2}{3},$ $\dfrac{3}{3}, \dfrac{1}{4}, \dfrac{2}{4}, \dfrac{3}{4},$ ……에서의 항의 수는 제25군까지 325개가 있고 제26군에서 열다섯 번째이므로 325+15=340항이 됩니다. 즉, $a_{340} = \dfrac{15}{26}$이죠.

$\dfrac{15}{26}$의 항의 수를 구한 것과 비슷하게, 제100항이 무엇인지 알아야 100항까지의 합을 구할 수 있겠죠?

그런데 제100항이 몇 군에 속하는지 모르므로 우선 n군에 속해 있다고 해 봅시다. 그럼 n군까지의 항의 수는 $\dfrac{n \times (n+1)}{2}$이에요. 제100항까지의 합이니까 $\dfrac{n \times (n+1)}{2}$을 이용하여, $n=13$이면 $\dfrac{13 \times 14}{2} = 91$이므로 13군까지의 항의 개수는 91입니다. 또한 $n=14$이면 $\dfrac{14 \times 15}{2} = 105$이므로 14군까지의 항의 개수는 105입니다.

즉, 13군까지의 항의 개수는 91개이므로 제92항부터 제105

항까지는 제14군에 들어 있습니다. 그럼 제100항은 어느 군에 들어 있을까요?

"제100항은 제92항과 제105항 사이에 있으니까 14군입니다."

맞습니다. 100＝91＋9이므로 제91항부터 9개 더 가서 있는 항이 제100항이 됩니다.

제14군의 9번째 항 : $a_{100} = \dfrac{9}{14}$

이제 제1항인 1부터 제100항인 $\dfrac{9}{14}$까지 100개의 항을 더해야겠죠?

제1군부터 제13군까지의 합 구하기

군의 모든 수열을 더해야 하는 것은 13군까지입니다. 우선 13군까지의 합을 구해 봅시다. 군수열을 그룹으로 묶어서 규칙을 찾았듯이 더할 때도 그룹끼리 더해야 합니다.

수열에서 n번째 일반항을 구했듯이 군수열에서는 k라는 군을 구해 줍니다. k군이면 분모는 k이고, 분자는 1부터 k까지 k개가 나열된 군이 됩니다.

제k군 : $\dfrac{1}{k}, \dfrac{2}{k}, \dfrac{3}{k}, \cdots\cdots, \dfrac{k}{k}$

k군의 모든 수열을 더하면 $\dfrac{1}{k}+\dfrac{2}{k}+\dfrac{3}{k}+\cdots\cdots+\dfrac{k}{k}=$ $\dfrac{1+2+3+\cdots\cdots+k}{k}$ 가 돼요. 분자의 $(1+2+3+\cdots\cdots+k)$는 1부터 k까지의 합을 구하는 것이므로 $\dfrac{k\times(k+1)}{2}$ 가 됩니다.

k군의 모든 수열의 합$=\dfrac{\frac{k\times(k+1)}{2}}{k}=\dfrac{k+1}{2}=\dfrac{1}{2}\times k+\dfrac{1}{2}$

제1군의 모든 수열의 합$=\dfrac{1}{2}\times 1+\dfrac{1}{2}$

제2군의 모든 수열의 합$=\dfrac{1}{2}\times 2+\dfrac{1}{2}$

$\vdots$

제13군의 모든 수열의 합$=\dfrac{1}{2}\times 13+\dfrac{1}{2}$

그래서 제1군부터 제13군까지의 합은 $\left(\dfrac{1}{2}\times 1+\dfrac{1}{2}\right)+\left(\dfrac{1}{2}\times 2+\dfrac{1}{2}\right)+\left(\dfrac{1}{2}\times 3+\dfrac{1}{2}\right)+\cdots\cdots+\left(\dfrac{1}{2}\times 13+\dfrac{1}{2}\right)$입니다. 이 합

을 구하기 위해 식을 조금 변형해 봅시다. 각 군에 $\frac{1}{2}$이 있으므로 13군까지 $\frac{1}{2}$은 13개가 있습니다. 여기에 결합법칙과 분배법칙을 이용하면 다음과 같이 계산할 수 있습니다.

$$\left(\frac{1}{2}\times 1+\frac{1}{2}\times 2+\frac{1}{2}\times 3+\cdots\cdots+\frac{1}{2}\times 13\right)+\left(\frac{1}{2}\times 13\right)$$

$$=\frac{1}{2}\times(1+2+3+\cdots\cdots+13)+\frac{13}{2}$$

이때 1부터 13까지의 합은 $\frac{13\times 14}{2}=91$이므로, 식의 앞의 값은 $\frac{91}{2}$이 됩니다. 따라서 13군까지의 모든 수열의 합은 $\frac{91}{2}+\frac{13}{2}=\frac{91+13}{2}=\frac{104}{2}=52$가 됩니다.

제14군의 제100항까지의 합 구하기

제14군은 다음과 같습니다.

제14군 : $\frac{1}{14}, \frac{2}{14}, \frac{3}{14}, \cdots\cdots, \frac{14}{14}$

제100항이 $\frac{9}{14}$이므로 $\frac{1}{14}+\frac{2}{14}+\frac{3}{14}+\cdots\cdots+\frac{9}{14}=$

$\dfrac{1+2+3+\cdots\cdots+9}{14}$ 이고, 1부터 9까지의 합이 $\dfrac{9\times10}{2}=45$이므로 $\dfrac{45}{14}$가 됩니다. 이제 제1항부터 제100항까지의 합은 13군까지의 합과 14군의 9개 항의 합으로 구할 수 있습니다.

수열 $1, \dfrac{1}{2}, \dfrac{2}{2}, \dfrac{1}{3}, \dfrac{2}{3}, \dfrac{3}{3}, \dfrac{1}{4}, \dfrac{2}{4}, \dfrac{3}{4}, \cdots\cdots$의 100항까지의 합
$=$ 13군까지의 합 $+$ 14군의 9개 항의 합
$= 52 + \dfrac{45}{14} = \dfrac{773}{14}$

이렇게 합을 구할 때는 군의 합을 이용해서 수열의 합을 구해야 한답니다. 그럼 다음과 같은 규칙으로 주어진 수열의 합은 어떻게 구할까요?

1
1 2
1 2 2^2
1 2 2^2 2^3
　　　⋮
1 2 2^2 2^3 ⋯⋯ 2^9

이것도 군수열이에요. 가로줄마다 그룹으로 묶으면 된답니다. 1군은 수열 1까지, 2군은 2^1인 2까지, 3군은 2^2까지, 4군은 2^3까지 있어요. 각 군에 이름보다 하나 작은 지수만큼 숫자가 나열되었네요. 그럼 마지막 줄의 수열은 2^9의 지수 9가 군의 이름보다 1이 작아야 하므로 제10군이 됩니다. 이제 군수열의 합을 구하기 위해 k군의 합부터 구합시다.

제k군 : 1 2 2^2 2^3 …… 2^{k-1}

k군은 제1항이 1이고 공비가 2인 등비수열이므로, k군의 모든 수열의 합은 $\dfrac{1 \times (2^k - 1)}{2 - 1} = 2^k - 1$입니다. 제1군부터 제10군까지의 합은 $(2^1 - 1) + (2^2 - 1) + (2^3 - 1) + \cdots\cdots + (2^{10} - 1)$입니다. 식을 변형하면 $2^1 + 2^2 + 2^3 + \cdots\cdots + 2^{10} - 10$입니다.

$2^1 + 2^2 + 2^3 + \cdots\cdots + 2^{10}$은 등비수열 $2^1, 2^2, 2^3, \cdots\cdots, 2^{10}$의 10개 항의 합이므로 $\dfrac{2 \times (2^{10} - 1)}{2 - 1} = 2 \times (2^{10} - 1) = 2 \times (1024 - 1) = 2046$입니다. 따라서 제1군부터 제10군까지의 합은 $2046 - 10 = 2036$입니다.

분수꼴로 된 수열의 합

다음과 같이 분수로 된 수열이 있어요.

$$\frac{1}{1\times 2}, \frac{1}{2\times 3}, \frac{1}{3\times 4}, \cdots\cdots, \frac{1}{99\times 100}$$

이 수열의 분모를 계산하여 나타내면 $\frac{1}{2}, \frac{1}{6}, \frac{1}{12}, \cdots\cdots, \frac{1}{9900}$ 이에요. 제1항부터 규칙을 찾아보면, 등차수열이나 등비수열은 아닙니다.

하지만 규칙은 찾을 수 있답니다. 수열의 모든 분자는 1이에요. 수열의 분모는 제1항은 1×2, 제2항은 2×3, 제3항은 3×4입니다. n번째 항의 분모의 수는 $n\times (n+1)$입니다. 이것을 이용해서 제10항을 구하면, 분자는 1이고 분모는 10×11이므로 $\frac{1}{10\times 11}$ 입니다. 이렇게 분모가 서로 다른 두 수의 곱은 다음의 식을 이용하면 간단하게 나타낼 수 있습니다.

부분분수 분해

$$\frac{1}{\square \times \triangle} = \frac{1}{\triangle - \square}\left(\frac{1}{\square} - \frac{1}{\triangle}\right)$$

이것을 이용하면 분수로 된 수열의 합을 쉽게 구할 수 있어요. 이것을 부분분수로 분해한다라고 합니다.

$$a_1 = \frac{1}{1 \times 2} = \frac{1}{2-1}\left(\frac{1}{1} - \frac{1}{2}\right) = \frac{1}{1} - \frac{1}{2}$$

$$a_2 = \frac{1}{2 \times 3} = \frac{1}{3-2}\left(\frac{1}{2} - \frac{1}{3}\right) = \frac{1}{2} - \frac{1}{3}$$

$$a_3 = \frac{1}{3 \times 4} = \frac{1}{4-3}\left(\frac{1}{3} - \frac{1}{4}\right) = \frac{1}{3} - \frac{1}{4}$$

$$\vdots$$

$$a_{99} = \frac{1}{99 \times 100} = \frac{1}{100-99}\left(\frac{1}{99} - \frac{1}{100}\right) = \frac{1}{99} - \frac{1}{100}$$

제1항 $\frac{1}{1 \times 2}$부터 제99항 $\frac{1}{99 \times 100}$까지를 부분분수로 분해한 식으로 더해 봅시다. 제1항과 제2항의 우변을 보면 제1항의 $-\frac{1}{2}$이 제2항의 $\frac{1}{2}$과의 계산 결과 없어집니다. 마찬가지로 제2항의 $-\frac{1}{3}$은 제3항의 $\frac{1}{3}$과 만나 없어집니다.

$$a_1 = \frac{1}{1} - \frac{1}{\cancel{2}}$$

$$a_2 = \frac{1}{\cancel{2}} - \frac{1}{\cancel{3}}$$

$$a_3 = \frac{1}{3} - \frac{1}{4}$$
$$\vdots$$
$$a_{98} = \frac{1}{98} - \frac{1}{99}$$
$$+) \ a_{99} = \frac{1}{99} - \frac{1}{100}$$

이렇게 위아래 계산을 통해 없어지는 값을 지우고 나면 남는 것은 $\frac{1}{1} = 1$과 $-\frac{1}{100}$이므로, 제1항부터 제100항까지의 합은 다음과 같습니다.

$$a_1 + a_2 + a_3 + \cdots\cdots + a_{99} + a_{100}$$
$$= \left(\frac{1}{1} - \frac{1}{2}\right) + \left(\frac{1}{2} - \frac{1}{3}\right) + \left(\frac{1}{3} - \frac{1}{4}\right) + \cdots\cdots$$
$$+ \left(\frac{1}{98} - \frac{1}{99}\right) + \left(\frac{1}{99} - \frac{1}{100}\right)$$
$$= 1 - \frac{1}{100} = \frac{100}{100} - \frac{1}{100} = \frac{99}{100}$$

수열에는 신기한 규칙이 많죠? 수열뿐만 아니라 수학에는 신비하고 재미있는 규칙이 많답니다. 여러분도 우리 주위에서 수학에 숨어 있는 규칙을 찾아보세요.

수업 정리

❶ 특정한 그룹끼리 묶었을 때 새로운 규칙을 찾을 수 있는 수열을 군수열이라고 합니다. 군수열의 합을 구할 때는 임의의 군 k의 규칙을 찾은 후 수열의 합을 구합니다.

❷ 분수로 된 수열의 합은 다음 식을 이용하여 부분분수로 분해하여 구합니다.

$$\frac{1}{\square \times \triangle} = \frac{1}{\triangle - \square}\left(\frac{1}{\square} - \frac{1}{\triangle}\right)$$

NEW 수학자가 들려주는 수학 이야기 63
가우스가 들려주는 수열의 합 이야기

ⓒ 나소연, 2010

2판 1쇄 인쇄일 | 2025년 9월 11일
2판 1쇄 발행일 | 2025년 9월 25일

지은이 | 나소연
펴낸이 | 정은영
펴낸곳 | (주)자음과모음

출판등록 | 2001년 11월 28일 제2001-000259호
주소 | 10881 경기도 파주시 회동길 325-20
전화 | 편집부 (02)324-2347, 경영지원부 (02)325-6047
팩스 | 편집부 (02)324-2348, 경영지원부 (02)2648-1311
e-mail | jamoteen@jamobook.com

ISBN 978-89-544-5308-0 44410
       978-89-544-5196-3 (세트)

• 잘못된 책은 교환해 드립니다.